BASTEI
LÜBBE
TASCHENBUCH

DAS VERBOTENE BUCH

GEHEIMSACHE

Lügen und Betrügen für
Anfänger und Fortgeschrittene

BASTEI
LÜBBE
TASCHENBUCH

BASTEI LÜBBE TASCHENBUCH
Band 60142

1. Auflage: August 2011

Vollständige Taschenbuchausgabe

Bastei Lübbe Taschenbuch in der Bastei Lübbe GmbH & Co. KG

Titelbild: © Gisela Kullowatz
Umschlaggestaltung: Gisela Kullowatz
Innenlayout: Irma Schick
Satz: satz & repro Grieb, München
Gesetzt aus der Minion
Druck und Verarbeitung: GGP-Media GmbH, Pößneck
Printed in Germany
ISBN 978-3-404-60142-4

Sie finden uns im Internet unter
www. luebbe.de
Bitte beachten Sie auch: www.lesejury.de

Der Preis dieses Bandes versteht sich einschließlich
der gesetzlichen Mehrwertsteuer.

Inhaltsverzeichnis

Wirtschaftskrise. Massenentlassungen. Bankencrashs. Pleitewelle. Rezession. Die Zeiten sind hart. Zweihundert Jahre nach Darwins Geburt scheint wieder das evolutionäre Gesetz zu gelten: Nur die Stärksten überleben.

Es ist kein Platz mehr für Moral und Ethos. Die Menschen fragen sich: Wie hole ich jetzt das meiste für mich heraus? Wie kann ich abzocken, schummeln, mich durchs Leben mogeln? Welche Tricks bringen mich über die Runden? Welche Mauscheleien ermöglichen mir einen luxuriösen Lebensstil, den ich mir eigentlich gar nicht leisten kann? Und wie räche ich mich an den Menschen, die mir bei meinem neuen Lebensentwurf im Wege stehen?

Dies ist kein gewöhnliches Buch. Noch nie hat es jemand gewagt, den Betrügern, Tricksern und Abzockern ein Forum zu geben. Im »verbotenen Buch« erzählen Menschen, die hemmungslos rasen und illegal parken, Hacker, die von Computerkriminalität und Internet-Betrügereien leben, Leute, die im Restaurant längst nicht mehr bezahlen, die ihre Vermieter ausnehmen und den Staat um Steuern betrügen.

Dieses Buch soll warnen und mahnen. Unsere Gesellschaft ist ein Organismus, der nur dann überleben kann, wenn sich alle an die Spielregeln halten. Einige allerdings glauben, es ließe sich prima bestehen, wenn man nicht mehr arbeitet, sondern nur noch abzockt und bescheißt.

Entscheiden Sie selbst, welchen Weg Sie gehen wollen.

Für Parkplätze zahlen? Niemals!

Das Problem

Parkraum in den Innenstädten ist ein knappes Gut. Der Kampf um die wenigen kostenfreien Abstellmöglichkeiten des eigenen Wagens führt nicht selten zu Stresssituationen, offenen Streitereien und unschönen Verspätungen, die das private wie auch das berufliche Umfeld arg strapazieren können.
Thomas V., Betriebswirt eines international tätigen Unternehmens mit Firmensitz in der Münchner Innenstadt, ist einer der Leidtragenden. Mit öffentlichen Verkehrsmitteln bräuchte er für seinen Arbeitsweg täglich an die 90 Minuten mehr als mit seinem PKW. Würde er sein Auto im Parkhaus abstellen, kämen um die 25 Euro pro Tag an Parkgebühren zusammen. Zu lang, zu teuer, sagte sich der Mann und ergriff selbst die Initiative. Seine Mittel – in Stoßzeiten jongliert V. mit mehreren Parkplätzen und anderen Selbsthilfemaßnahmen:

[] **Die Reservierung** *Parkplatz 1 befindet sich in etwa 100 Meter Fußnähe zu seinem Büro. Diesen hat er sich in einer Nacht-und-Nebel-Aktion gesichert, indem er ein Blechschild mit seinem Kennzeichen an die Hauswand montiert hat. Diese Methode funktioniert natürlich nicht 100-prozentig, da es immer wieder rücksichtslose Mitbürger gibt, die sein »Reserviert«-Schild schlichtweg ignorieren.*

[] **Vorsicht, Umzug!** *Parkplatz 2 (direkt um die Ecke zu seinem Arbeitsplatz) blockiert er an manchen Abenden mit einer Holzkiste und einem Umzugsschild. Sollten beide Reservierungen nicht zum gewünschten Parkraum führen, was in München in der Vorweihnachtszeit und während des Oktoberfestes fast immer der Fall ist, bedient sich Thomas V. der Beschaffung von Parkplatz 3:*

[] **Das Verbotsschild** *Hierfür hat er vor Jahren eines Nachts an einer Baustelle ein Straßenschild entwendet: uneingeschränktes Halteverbot. Dieses bringt er an Vorabenden in der kleinen, aber sehr begehrten Parkbucht unmittelbar vor dem Haupteingang seines Arbeitsplatzes mit zwei Kabelbindern an einem Lichtmast an. Auch das stellt keine Parkplatzgarantie dar, hat aber schon häufig dazu geführt, dass vorbeikommende Ordnungskräfte den vermeintlichen Falschparkern Knöllchen angehängt haben, wo das freie Parken von Rechtswegen erlaubt gewesen wäre. Der Gesetzgeber dürfte hiervon allerdings nichts erfahren, sonst wäre V. fällig.*

[] **Der Jutesack** *Wenn alles nicht hilft, hat V. für alle Fälle immer einen kleinen Jutesack im Auto liegen, mit dem er die Parkuhr (Höchstparkdauer 30 Minuten) direkt an der Straße zuhängt. Der Betriebswirt kommt jeden Morgen pünktlich zur Arbeit, steht aber in der Gesamtbewertung seiner Straftaten mindestens mit einem Bein im Gefängnis.*

[] **Die intelligente Parkscheibe** *Für alle anderen Unwegsamkeiten rund um das Thema Parken hat V. eine Batterie betriebene Parkscheibe, die sich immer schön mitdreht. So könnten aus 90 Minuten Maximalparkdauer ungestrafte neun Stunden werden. Wenn er denn dieses raffinierte kleine Gadget einsetzen würde. Was er nach eigenen Angaben nicht tut, denn die mitdrehende Parkscheibe ist natürlich verboten!*

[] **Der eigene Parkschein** *Zu ganz besonderen Stoßzeiten – wenn der Betriebswirt V. an Samstagen einmal in der Innenstadt mit Frau und Kind shoppen möchte – druckt sich der Parkprofi V. seine eigenen Automatenparkscheine. Hierzu hat er sich verschiedene Vorlagen auf seinem PC eingescannt und bereitet diese Scans am Vorabend seiner Shoppingtouren mit dem Programm Photoshop für seine ganz individuellen Ansprüche hin vor: »Datum, Parkzeitende und Ankunftszeit anpassen – nach einigen Probeversuchen ist das heute eine Frage von maximal fünf Minuten, auf dem Farbdrucker ausgedruckt, und ganz schnell sind sechs bis zehn Euro gespart«, erklärt V. stolz. »Und da die Zettel hinter der Windschutzscheibe auf der*

Ablage liegen, sind sie für die Beamten des Ordnungsamtes auch nicht als Fälschungen zu identifizieren.« V. begeht also Urkundenfälschung. Und dies für ein paar Euro gesparter Parkgebühren …

[] **Der eigene Strafzettel** *Bevor V. sich seine persönlichen Parkscheine zu Hause ausdruckte, griff er das eine oder andere Mal auch auf die Methode des eigenen Strafzettels zurück. »In der Mittagspause bin ich immer gerne ein paar Schritte gegangen, um zu prüfen, ob schon ein paar schriftliche Verwarnungen verteilt wurden. War dies der Fall, zog ich von irgendeinem Fahrzeug einen Strafzettel unter dem Scheibenwischer weg, ging zu meinem Wagen, parkte um und hängte den Wisch bei mir wieder hin«, verrät V. Der Staat reagiert auf solche Straftaten mit Paragraf 263 StGB. Betrug! Kavaliersdelikte sehen ganz anders aus!*

Extrem verbotene Parkplätze

Es gibt eine Kategorie Parkplätze, die ist so dreist, dass sie aus dem Raster der örtlichen Parküberwachung fällt: direkt unter dem Brandenburger Tor, vor der Tür der bayerischen Staatskanzlei, unterm Siegestor, am Flughafen München unmittelbar auf dem Platz vor dem Terminal 2, mitten in der Fußgängerzone. Ein Magazin testete solche Parkplätze und wartete, wie lange es dauert, bis der erste Strafzettel kommt. Das Ergebnis: Häufig kann man auf solchen Parkplätzen tagelang stehen bleiben, ohne belangt zu werden.

Falsch geparkt – aber mit welchem Auto?

Es war eher als Jux gedacht, als sich der Heilbronner Mediendesigner Paul T. einen Mercedes-Stern auf seinen Dreier-BMW montierte. »Eine verlorene Wette, die ich als treuer Kunde von BMW mit einem Jahr Mercedes-Stern auf der Haube einfach auslöffeln musste.« Dann kam der erste Strafzettel wegen Falschparkens, und T. musste feststellen, dass er laut Benachrichtigung von der Stadt seinen »Mercedes« in einer Feuerwehreinfahrt abgestellt hatte. Der Mann legte Einspruch ein, schließlich besitze er keinen Wagen aus Stuttgart und würde dies auch nie beabsichtigen. Er könne sich auch nicht erinnern, jemals an dieser Stelle geparkt zu haben, legte eine Kopie seines Fahrzeugscheins bei, und die Sache wurde schließlich eingestellt. »Das hat nun schon dreimal funktioniert – in Stuttgart, Heilbronn und in Ludwigsburg, und jedes Mal muss sich das Ordnungsamt geirrt haben«, sagt Paul T., »denn wer schon die falsche Automarke aufschreibt…«

Wem gehört der freie Parkplatz?

Dem, der zuerst drinsteht! Gute Manieren sind das eine, gute Parkplätze die andere Seite. Es ist völlig unerheblich, ob ein anderer Autofahrer schon länger wartet und auch blinkt, wer zuerst in der Parklücke ist, hat gewonnen. Im Zweifel auch, wenn es zum Streit kommt.

Tricksen, täuschen, überholen

Mit Blaulicht am Stau vorbei

Für Jan K. aus Bochum war das Maß irgendwann voll. Er hatte das Gefühl, im morgendlichen Berufsverkehr im Ruhrgebiet zu viel seiner kostbaren Lebenszeit zu vergeuden. So hat er sich für knapp 20 Euro in einem Internetshop eine Blaulichtanlage mit Stecker für den Zigarettenanzünder beschafft und setzt diese in seltenen Fällen auch ein. »Wenn ich einen Termin gar nicht schaffe, kommt das Ding aufs Dach«, sagt der Farben- und Lack-Außendienstmann. »So komme ich ungestört auf der Standspur am Stau vorbei bis zur nächsten Ausfahrt.« Erwischt wurde der Bochumer K. bislang nicht. Er rechnet mit einer saftigen Geldbuße, sollte ihn die Polizei irgendwann einmal damit erwischen. »Aber Zeit ist Geld, und wenn das 250 Euro kostet, die habe ich schnell wieder drin.« Bleibt zu hoffen, dass K. wirklich nicht ertappt wird. Paragraf 315 c des StGB sagt: »Wer im Straßenverkehr grob verkehrswidrig und rücksichtslos falsch überholt oder sonst bei Überholvorgängen falsch fährt und dadurch Leib oder Leben eines anderen Menschen oder fremde Sachen von bedeutendem Wert gefährdet, wird mit Freiheitsstrafe bis zu fünf Jahren oder mit Geldstrafe bestraft.«

Ganz klar, das ist verboten …

Die Lichthupe auf der Autobahn

Das kann eigentlich keiner leiden. Auf der Autobahn rauscht von hinten ein Fahrzeug heran, und dann wird dem Vordermann durch die Lichthupe unmissverständlich klargemacht: Hau ab! Ganz eifrige Verkehrsteilnehmer schreiben sich von solchen »Dränglern« die Autonummer auf und zeigen diese an. Am besten wegen Nötigung…

Paragraf 5 (5) der Straßenverkehrsordnung sagt: »Außerhalb geschlossener Ortschaften darf das Überholen durch kurze Schall- und Leuchtzeichen angekündigt werden. Wird mit Fernlicht geblinkt, so dürfen entgegenkommende Fahrzeugführer nicht geblendet werden.«

Ist die Lichthupe also erlaubt? Und wenn das nicht hilft: Ganz legal hupen? Juristen lieben den Konjunktiv! Es KÖNNTE also wohl sein, dass der eine oder andere Richter diese Regelung vielleicht etwas anders auslegen KÖNNTE. Wir WÜRDEN uns da nicht festlegen wollen…

Der kostenlose Mietwagen

Franz T. beschreibt, wie er seit Jahren kostenlos Auto fährt. Er ruft bei Autohändlern an und sagt: »Guten Tag, der Leasingvertrag von meinem E-Klasse-Mercedes läuft in einem Monat aus, und ich überlege mir, ob ich nicht auf einen 5er BMW (jeweils zur Kategorie passende Fabrikate und Typen) umsteigen soll. Wann könnte ich denn einen Wagen Probe fahren?«

Meist kann er dann einen Termin vereinbaren, den er sich wünscht. Gerne auch mal übers Wochenende. Auch über Kilometerbegrenzung kann man verhandeln. Entscheidend ist der maßvolle Auftritt im Autohaus: ansprechende Kleidung, aristokratische Visitenkarte »Baron von Schönegg«, sinnvolle technische Fragen etc. »Meist bekomme ich den Wagen vollgetankt und gebe ihn mit zehn Litern weniger zurück.«

Kann man die Alkomate der Polizei manipulieren?

Oh ja, man kann. Und zwar ganz einfach: Der Alkomat geht von einer Temperatur der Atemluft von 35 Grad aus. Aber: Je niedriger die Temperatur ist, desto niedriger wird auch der Alkoholgehalt in der ausgeatmeten Luft. Ursache ist, dass der Alkohol auf dem Weg kondensiert.

Der Versuch: Den Mund mit Crushed Ice so weit füllen, dass man gerade noch sprechen kann. Eine gute Ausrede: »Ich war beim Zahnarzt und habe deshalb noch Probleme beim Sprechen.«
Eine zweite, anerkannt funktionierende Methode ist die der Schnappatmung. Wer vor dem Pusten kräftig hyperventiliert, kann die Messung – abhängig vom Gerät – in seinem Sinne beeinflussen.

Allgemein gilt: Zwischen dem letzten Trunk und der ersten Messung müssen 20 Minuten liegen, sonst kann das Ergebnis vor Gericht nicht verwendet werden!

Der Benzin-Klau

Tankstellenbesitzer berichten, dass Benzindiebe manipulierte Nummernschilder verwenden, tanken und dann einfach wegfahren. Peter Z., Kassierer in einem Thüringer Rasthof, erklärt: »Da hilft der Tankstelle auch die Überwachungskamera nichts. Außerdem habe ich erfahren, dass einem überführten Benzindieb nur geringe Konsequenzen drohen, weil die Staatsanwaltschaft solche Verfahren meistens gegen Zahlung einer Geldstrafe einstellt.«

Drei Autos – eine Vignette

Eine Jahresvignette für österreichische Autobahnen kostet 73,80 Euro, eine für die Schweiz 27,50 Euro. Für Menschen, die zwei oder mehr PKWs besitzen, eine teure Angelegenheit. Vignetten sind nicht übertragbar, und wer einmal versucht hat, eine Vignette von der Frontscheibe zu lösen, muss schnell feststellen, dass die Folien aufgrund von sensiblen Perforationen und anderen Sicherheitsmerkmalen sofort kaputtgehen. Der Memminger Alfons K., der in beiden Staaten regelmäßig unterwegs ist und in dessen Familie drei Autos und ein Motorrad zugelassen sind, hat seine krassesten Vignetten-Manipulationsmethoden verraten:

[] **Die durchsichtige Klebefolie** *»Die Vignette auf eine transparente Klebefolie aufbringen, die Ränder mit einem Rasiermesser sauber abschneiden, und schon ist das ›Wechsel‹-Pickerl voll einsatzfähig.«*

[] **Der Fettstift** *»Vor dem Anbringen auf der Scheibe kann man die Vignette auch vorsichtig mit einem Fettstift – ein Labello reicht – beschmieren. Aber Vorsicht: nicht kreisförmig auftragen (kann man von außen sehen!), Blasenbildung vermeiden und die Frontscheibe am Rand schmutzig halten.«*

[] **Die Adhäsionsfolie** *»Diese weiche Kunststoff-Folie (von Foliatec beispielsweise) hält ohne Klebstoff – der Rest funktioniert wie bei der Klebefolie. Auch hier gilt: Vorsicht, Blasenbildung!«*

Die Konsequenzen: Wer in der Schweiz ohne gültige Vignette erwischt wird, zahlt eine Ersatzmaut in Höhe von 120 Euro. In Österreich kann die Geldbuße zwischen 300 und 3000 Euro liegen, denn eines muss klar sein: Das ist verboten!

Die grüne Umweltplakette für jedermann

Zum 1. Januar 2009 gab es in Deutschland bereits 31 Umweltzonen. Und die Zahl der Städte und Gemeinden, die nur noch Fahrzeuge mit Umweltplaketten in bestimmte Zonen einfahren lassen wollen, steigt von Monat zu Monat an. Eine Plakette kostet um die 6 Euro, was sich eigentlich auch jeder leisten kann – wer ohne erwischt wird, zahlt 40 Euro Strafe und erhält einen Punkt in Flensburg.

Auch hier wird bereits – mit viel krimineller Energie – intensiv nach Schlupflöchern gesucht.

Ronny C., Fahrer eines »schmutzigen« Chevrolets, hat sich Folgendes überlegt: »Ich habe mir meine Umweltplakette auf eBay gekauft. Das Prozedere ist einfach: Sofort-Kauf für 5,90 Euro, und dann will der Verkäufer eine Kopie des Fahrzeugscheines – per Mail oder Fax. Nun, der Fahrzeugschein von dem Golf IV meiner Freundin ist schnell kopiert, rasch das Kennzeichen meines Chevys in die Kopie eingebaut, und schon geht das Fax zum Plakettenhändler. Der prüft nun, welche Plakettenfarbe für das Fahrzeug erlaubt ist – der Golf bekommt natürlich die grüne –, dann trägt er mein Kennzeichen ein, ab in den Briefumschlag, und schon bin ich der Saubermann.«

Rund 5 Milliarden Euro hat die Bundesregierung 2009 für die sogenannte Umwelt- oder auch Abwrackprämie bereitgestellt. Eine stattliche Summe, die einerseits die Automobilindustrie ankurbeln und andererseits einen Beitrag zum Klimaschutz leisten soll, indem bis zu zwei Millionen alte Autos aus dem Verkehr verschwinden werden. Wenn es da nicht schon die ersten Betrügereien gäbe ...

Grundsätzlich wird die Abwrackprämie in Höhe von 2.500 Euro ausbezahlt, für ein mindestens neun Jahre altes Auto, das mindestens ein Jahr auf den Halter zugelassen war, der nun im Begriff ist, einen Neuwagen zu erwerben, der die Abgasnorm »Euro4« oder besser erfüllt. Fahrzeughändler und Automobilclubs berichten bereits über Manipulationen:

Der Betrug: Wer die Abwrackprämie kassieren möchte, braucht einen Verwertungsnachweis eines Schrotthändlers. Mit der Kopie des Kaufvertrages für den Neuwagen, dem Verwertungsnachweis und dem Fahrzeugbrief geht der Altwagenbesitzer zur Kfz-Zulassungsstelle und meldet den Wagen ab.
Der Fahrzeugbrief wird weder einbehalten noch ungültig gemacht! Lediglich der Verwertungsnachweis wird amtlich abgestempelt, und fortan ist völlig offen, was mit dem Auto geschieht.
Beim TÜV bekommt der Wagen – wenn so weit alles in Ordnung ist – eine 2-Jahres-Plakette, und mit einem vorläufigen Kennzeichen wird der Wagen samt Brief in Polen verkauft. Je nach Zustand für 500 bis 1.500 Euro.

Fazit: Die Abwrackprämie wurde kassiert, der Verkaufspreis für die alte Karre auch – der Wagen wird weiterhin in einem osteuropäischen Land bewegt werden, und die Umwelt freut sich – wenn überhaupt – nur in Deutschland. Abgesehen davon hätte das »abgewrackte« Auto auch weiterhin in Deutschland gefahren werden können – Kontrollen finden in diesem Bereich so gut wie keine statt.

ABE für jedermann

Motorradfahrer sind eitel. Das Bike sollte individuell sein, sexy, stark und laut. Eine Kombination, die aus Sicht der grünen Rennleitung selten legal zu bekommen ist. Fast alles, was schneller, lauter und schöner macht, wurde gänzlich humorlos verboten. Dezibelobergrenzen versauen jedem versierten Rennfahrer die Freude am Zweirad. Selbst Rückspiegel müssen bestimmte Quadratzentimetergrößen einhalten, ansonsten sind sie auf öffentlichen Straßen nicht zugelassen. Was der Gesetzgeber am Ende erlaubt und somit aus Sicht vieler Biker leider auch schnöde ist, hat eine ABE eingraviert. Diese Zulassung muss nicht zwingend aus deutschen Landen kommen, bei vielen Produkten ist es eine sogenannte EG-ABE.

Jochen K. aus Heidelberg hat aufgrund dieser gestrengen Normen gewissermaßen seinen eigenen TÜV gegründet. Alles, was der Werkzeugmacher an seine Maschine montieren möchte, bekommt eine EG-ABE – bei einem Pokalgravierer. Beide machen sich am Ende der Urkundenfälschung schuldig. Bei Kontrollen, erzählt der 27-jährige Motorradfahrer, wären die Polizisten mitunter schon etwas misstrauisch. »Aber was sollten sie vor Ort unternehmen? Die Fläche des Spiegels ausrechnen und mit den erlaubten Mindestgrößen abgleichen?

Das macht kein Beamter«, sagt K. Und wenn sie ihn wegen seiner viel zu lauten Auspuffanlage zur Nachmessung schicken? »Dann kommt rasch die Originaltüte drauf, und fertig.«

Ungestraft rasen, lauschen und beleidigen

Die Realität

Schnell fahren ist ein Grundbedürfnis des gemeinen Deutschen. Obwohl es auf bundesdeutschen Autobahnen noch immer kein Tempolimit gibt, sind die meisten interessanten Streckenabschnitte auf Tempo 120, nicht selten auch auf 100 oder gar 80 km/h begrenzt. Den passionierten Raser interessiert dies so lange nicht, wie das Bußgeld noch bezahlbar und das Punktekonto in Flensburg noch übersichtlich ist. Verkehrsteilnehmer, die auf freie Fahrt bestehen, rüsten mit Radarwarngeräten auf, deren Einsatz allerdings verboten ist und unter Strafe steht.

Die Fakten

In Europa werden annähernd 100 Prozent aller Radarmessungen im sogenannten K-Band, also mit 24,15 GHz, und im Ka-Band (34,36 GHz) durchgeführt. In Spanien, Holland und England gibt es überdies 13,45 GHz und in Frankreich 9,90 GHz. Die Messungen passieren in diesen Fällen auf den letzten 40 Metern bis zum Blitzer.

»Wer auch immer sich bemüßigt fühlt, ein **Radarwarnsystem** in seinem Wagen zu installieren, sollte diese Daten also beachten«, sagt ein Händler auf Nachfrage.
Die Warngeräte (ab ca. 130 Euro) funktionieren nicht, wenn – wie in der Schweiz üblich – Infrarotmessungen vorgenommen werden. Diese Messungen werden in einem Bereich von 43 bis 50 Metern vorgenommen und sind nur durch einen sogenannten **Infrarotstörer** (ab ca. 175 Euro) zu bekämpfen.

Nun gibt es aber auch noch die Lichtschrankenmessung. Dagegen gibt es zunächst gar keinen Schutz. Zunächst! Die Lichtschranke an sich lässt sich weder frühzeitig erkennen noch effizient stören. Die einzige Schwachstelle in diesem komplexen System ist die Funkverbindung zwischen der Lichtschranke und der Kamera, die das Erinnerungsbild anfertigt. Diese Funkverbindung lässt sich durch einen **Lichtschrankenschutz** stören. So etwas kostet rund 175 Euro aufwärts.

Misst der Verkehrspolizist mit einer Laserpistole, die eine Reichweite von bis zu 1000 Metern hat, hilft nur noch beten, ein Power-Slide, oder man besitzt einen **Laserwarner** bzw. einen **Laserstörer** (ab ca. 350 Euro).
Die fest installierten Starenkästen und Rotlichtblitzer funktionieren über Kontaktschleifen in der Fahrbahn. Hier gibt es zunächst einmal gar nichts, was ein Gerät vorab messen könnte. Da die Geräte aber über einen längeren Zeitraum an ein und derselben Stelle stehen, gibt es für interessierte Autofahrer im Internet informative Seiten wie www.radarfalle.de, die umfangreiche Auskünfte vermitteln können.

Warnung über Navigationssystem und iPhone

Die meisten Hersteller von Navigationssystemen bieten den Service an, vor Starenkästen zu warnen, die sich auf der geplanten Route versteckt halten. Außerdem steht es natürlich jedem Besitzer eines solchen Navigationsgerätes frei, sich über die sogenannte Point-of-Interest-Funktion (Krankenhäuser, Werkstätten, Sehenswürdigkeiten), also die interessanten Punkte am Wegesrand entlang, die gängigen Rotlicht- und Geschwindigkeitsblitzer selbst zu markieren.
Für das Apple iPhone 3G gibt es für magere 79 Cent über den iTunes Store das Programm »Cams Ahoy! Europe« (www.camsahoy.com) zu kaufen. Das kleine Tool verwandelt das iPhone mit GPS-Unterstützung in einen veritablen Radarwarner, der europaweit mehr als 22.000 Blitzer gespeichert hat. Nähert sich der interessierte Fahrer einem Starenkasten, erinnert ihn ein Ping-Signal und ein Blitzer-Icon vor der stationären Geschwindigkeitsmessung.

Der Kamera-Locator

Schwierig wird das persönliche Raserschutzschild bei Videoaufnahmen aus nachfahrenden Zivilfahrzeugen. Interessant hierbei ist, dass die Messung über eine Distanz von mindestens 400 bis 500 Metern mit gleichmäßigem Abstand durchgeführt werden muss. Wer den Videobeweis frühzeitig erkennen möchte, braucht einen Videokamera-Locator, den es im Fachhandel zu erstehen gibt, oder das geschulte Auge im Rückspiegel.

Schutz vor Abstandsmessungen auf Autobahnen, die in der Regel mit Geschwindigkeitsmessungen durch Radar oder Laser einhergehen, bieten nur die oben genannten Radar- und Laserwarngeräte. Zu erkennen sind diese Messungen im Bereich vor Autobahnbrücken. Wenn am rechten Standstreifen weiße Markierungsstriche im Abstand von je 50 Metern entdeckt werden, ist die Messstelle mit zwei Videokameras auf der kommenden Brücke meist nicht mehr weit.
Der Rundumschutz, also alle Warngeräte zusammen, würden in etwa 1000 Euro kosten – ohne Einbau, dafür kann man zusammengerechnet mehr als 30-mal 20 km/h zu schnell fahren.
Aber, Vorsicht. Das ist verboten!

Das sagt der Gesetzgeber

Paragraf 23 der Straßenverkehrsordnung verbietet den Einsatz dieser Gerätschaften: »Dem Führer eines Kraftfahrzeuges ist es untersagt, ein technisches Gerät zu betreiben oder betriebsbereit mitzuführen, das dafür bestimmt ist, Verkehrsüberwachungsmaßnahmen anzuzeigen oder zu stören.« Wer es dennoch tut, muss mit vier Punkten in Flensburg und 75 Euro Geldbuße rechnen. Der Verkauf und der Besitz eines oder mehrerer dieser Geräte ist allerdings nicht verboten. Sammler elektronischer Gadgets können also aufatmen.

Tempoüberschreitungen und was sie in Euro, Punkten und Fahrverbot kosten (Stand 1. Februar 2009):	
bis 10 km/h innerorts	15 Euro
bis 10 km/h außerorts	10 Euro
11 bis 15 km/h innerorts	25 Euro
11 bis 15 km/h außerorts	20 Euro
16 bis 20 km/h innerorts	35 Euro
16 bis 20 km/h außerorts	30 Euro
21 bis 25 km/h innerorts	80 Euro, 1 Punkt
21 bis 25 km/h außerorts	70 Euro, 1 Punkt
26 bis 30 km/h innerorts	100 Euro, 3 Punkte
26 bis 30 km/h außerorts	80 Euro, 3 Punkte
31 bis 40 km/h innerorts	160 Euro, 3 Punkte, 1 Monat
31 bis 40 km/h außerorts	120 Euro, 3 Punkte
41 bis 50 km/h innerorts	200 Euro, 4 Punkte, 1 Monat
41 bis 50 km/h außerorts	160 Euro, 3 Punkte, 1 Monat
51 bis 60 km/h innerorts	280 Euro, 4 Punkte, 2 Monate
51 bis 60 km/h außerorts	240 Euro, 4 Punkte, 1 Monat
61 bis 70 km/h innerorts	480 Euro, 4 Punkte, 3 Monate
61 bis 70 km/h außerorts	440 Euro, 4 Punkte, 2 Monate
über 70 km/h innerorts	680 Euro, 4 Punkte, 3 Monate
über 70 km/h außerorts	600 Euro, 4 Punkte, 3 Monate

Rote Ampel überfahren kostet in Euro, Punkten und Fahrverbot:	
ohne Gefährdung anderer:	90 Euro, 3 Punkte
mit Gefährdung:	200 Euro, 4 Punkte, 1 Monat
Rotphase länger als 1 Sekunde ohne Gefährdung:	200 Euro, 4 Punkte, 1 Monat
Rotphase länger als 1 Sekunde, mit Gefährdung:	320 Euro, 4 Punkte, 1 Monat

Die Punkte werden bekanntermaßen im Kraftfahrt-Bundesamt (KBA) in Flensburg gesammelt und gespeichert. Wer insgesamt 18 Punkte erreicht hat, bekommt den Führerschein für mindestens 6 Monate entzogen.

Zwischen 4 und 8 Punkten kann der betreffende Verkehrssünder durch ein Aufbauseminar 4 Punkte aus der Kartei tilgen. Zwischen 8 und 13 Punkten spricht die Behörde eine gebührenpflichtige, schriftliche Verwarnung aus und gibt den Hinweis, dass durch die freiwillige Teilnahme an einem Aufbauseminar 2 Punkte wieder gestrichen werden können. Wichtig ist aber, dass solche Seminare nicht ständig besucht werden können, da in einem Zeitraum von fünf Jahren nur eine Tilgung möglich ist.
Die besonders harten Brocken, also diejenigen mit 14 bis 17 Punkten, werden gebührenpflichtig aufgefordert, ein Aufbauseminar zu besuchen. Punkte werden hierbei aber nicht getilgt. Nur diejenigen, die sich zwischen 14 und 17 Punkten freiwillig einer Nachschulung unterziehen, können 2 Punkte ausradieren lassen. Und bei 18 Punkten ist dann erst einmal Schluss mit der freien Fahrt für schnelle Bürger.

Ansonsten gilt: Punkte, die durch Ordnungswidrigkeiten gesammelt wurden, werden nach zwei Jahren automatisch wieder getilgt – wenn in diesem Zeitraum keine neuen hinzukommen. Dann wird der Berechnungszeitraum gleichsam per Reset-Taste wieder auf null gesetzt, und es dauert weitere zwei Jahre, bis der Eintrag gelöscht wird.

Findige Verkehrsteilnehmer haben über Jahre hinweg auf dem Onlineportal eBay angeboten, gegen einen Unkostenbeitrag Flensburg-Punkte zu übernehmen. Das allerdings duldet eBay seit einiger Zeit nicht mehr.

Radarfalle – was nun?

Es kann ja nun vorkommen, dass eines der oben genannten Warngeräte seinen Dienst versagt hat oder – noch wahrscheinlicher – der geblitzte Raser kein Radarwarngerät besitzt. Dann kommt irgendwann der Anhörungsbogen von der Straßenverkehrsbehörde ins Haus, und je nach Höhe der Geschwindigkeitsüberschreitung sieht es dann richtig düster aus.

Rechtsschutz und Anfechten!

Grundsätzlich gilt: Wer gerne schnell fährt, braucht unbedingt eine Rechtschutzversicherung! Das eine oder andere lässt sich sicherlich ohne einen teuren Verkehrsrechtsanwalt lösen, wenn es aber einmal richtig eng werden könnte, kommt man ohne juristischen Beistand kaum ungeschoren davon.

Wenn also die Qualität des »Beweisfotos« stimmt und wenn sich herausstellt, dass das eingesetzte Messgerät nicht zu den Gerätetypen gehört, die als besonders anfällig gelten, also für eine verhältnismäßig große Fehlerquote bekannt sind. Zu diesen Gerätetypen, die auf dem Bußgeldbescheid angegeben werden müssen, zählen beispielsweise:

[] **Lasermessungen** *Es liegen keine optischen Dokumente vor – Film oder Foto –, und die Bedienungsanleitung dieser Messgeräte muss akribisch genau eingehalten werden! Wenn dies nicht der Fall ist, liegt kein anerkanntes standardisiertes Messergebnis vor.*

[] **Traffipax speedophot/speedguard** *Das in Deutschland am häufigsten eingesetzte Blitzgerät. Angefochten werden kann: zweites Fahrzeug auf dem Foto, fehlender Eichschein des Messgerätes, inkorrekter Messwinkel, falsch eingerichtete Messstelle, falsche Mindestaufstellhöhe, falsche Reichweiteneinstellung, Leerfotos auf dem Messfilm etc. Für einige Fälle wird ein Sachverständigengutachten gebraucht, ansonsten genügt einer der genannten Fehler, um ein Verfahren einstellen lassen zu können.*

Ein weiterer Weg: Ein Raser bestreitet, das Auto selbst gefahren zu haben – und kann auch nichts zu der Identität desjenigen sagen, der auf dem »unscharfen« oder pixeligen Foto abgebildet ist. Ein Punktsieg, denn: Ist der Halter des geblitzten Fahrzeuges nicht eindeutig auf dem Foto erkennbar, wird es vor Gericht schwer für die Behörden.

Die Mützenmethode

Johannes T., ein notorischer Schnellfahrer aus Bergisch Gladbach, hat hierfür seine eigene Technik entwickelt. Baseballmütze tief ins Gesicht gezogen, eine anständige Auswahl großer, dunkler Sonnenbrillen und die Sonnenblende immer unten hängend, ist er insgesamt schon mehrere Male um Bußgeld und Punkte in Flensburg gekommen. »Es ist immer dasselbe Spiel. Ich werde geblitzt, die Benachrichtigung kommt per Post, ich leugne alles ab, und wenn es vor Gericht an das Foto geht, bin ich nicht eindeutig zu erkennen. Mal ist da ein Mann mit Bart, mal mit Mütze, mal mit Kapuze, mit der oder mit jener Sonnenbrille zu sehen – nur ich bin es nie eindeutig.«

Nun könnte man annehmen, dass Johannes T. spätestens nach dem zweiten Blitzerfoto zur Auflage gemacht wird, ein Fahrtenbuch zu führen, da er jedes Mal behauptet, er könne sich nicht erinnern, wem er zum besagten Zeitpunkt sein Auto geliehen hat. Denn hierzu muss man wissen: Vor Gericht erscheint Johannes T. stets als sehr großzügiger Mensch, der einer gewaltigen Zahl von Menschen sein Auto leiht.

In der Regel kommt der Anhörungsbogen frühestens nach zwei Wochen per Post ins Haus. Da sich aber kein Mensch länger als zwei Wochen erinnern können muss, wem er vor »Urzeiten« sein Auto gegeben hat, muss T. bis heute kein Fahrtenbuch führen. Von der Anschaffung teurer und überdies verbotener Warngeräte sieht Johannes T. ab. »Außerdem sind die Dinger nicht legal.«

Die Perückenmethode

Die Berliner Marketingexpertin Ute G. fährt gern und schnell Auto, was sich im Laufe der Jahre in Gestalt eines ordentlichen Punktekontos niedergeschlagen hat. Auch sie hat irgendwann damit begonnen, ihre Blitzer-Beweisfotos anzufechten. Und das, obwohl die 38-jährige Frau Mützen jeder Art hasst. G. hat aus diesem Grund eine hübsche Sammlung zum Teil hässlicher Billigperücken in einer Tasche hinter ihrem Rücksitz deponiert. »Blond, rot, schwarz, kurz, mittellang und mit Zöpfchen – die ganze Bandbreite weiblicher Frisurverfehlungen liegen bei mir jederzeit bereit. Wenn ich Lust auf eine schnelle Fahrt habe, setze ich mir ein Haarteil auf, kombiniere es mit einer von rund zwei Dutzend Sonnenbrillen aus Spanien, und schon sitzt die große Unbekannte am Steuer.« Bezahlt hat die schnelle Berlinerin seither nicht mehr, denn auch sie ist offiziell ein Mensch, der ohne Wenn und Aber zu jeder Zeit sein Auto verleiht. Und wenn es hart auf hart käme, hätte die Dame eine Rechtschutzversicherung – »und dann beantragt mein Anwalt doch erst einmal ein anthropologisches Sachverständigengutachten …«

Der Matsch aus der Dose

Am Samstag das Auto waschen? Nichts für passionierte Schnellfahrer wie Robert K. aus Meersburg am Bodensee. Während er im Winter frühzeitig nach dem ersten Streudienst ausgiebige Autobahnfahrten macht, um seinen Porsche 911 S ordentlich einzusauen und somit seinem Kennzeichen die Patina zu verschaffen, die Verkehrsblitzer gar nicht mögen, benutzt er im Sommer feinen britischen Matsch aus der Dose.

Erfunden wurde das Matschspray ursprünglich für verweichlichte SUV-Fahrer, die ihre Geländekarossen nicht im Dreck bewegen, in der Nachbarschaft aber durchaus den Eindruck erwecken wollen, sie kämen mit ihrem Allradgefährt gerade aus einem Krisengebiet. »Der Sprühschlamm (www.sprayonmud.de) besteht aus feinstem Matsch, kommt für 11 Euro in einer 750-Milliliter-Flasche und ist schnell aufgetragen, vor allem aber täuschend echt.« Aber K. warnt: »Amateure sprühen sich das Zeug nur auf die Nummernschilder. Ein Anfängerfehler. Denn wenn nur das Kennzeichen dreckig ist, riecht der einfachste Dorfpolizist Lunte«, warnt K. »Wenn schon, dann muss die ganze Karre versifft sein!«

Robert K. weiß, dass es in Deutschland verboten ist, mithilfe des Schlamms sein Kennzeichen unkenntlich zu machen. Er weiß, dass so etwas nach Paragraf 22 des Straßenverkehrsgesetzes mit bis zu einem Jahr Freiheitsstrafe belegt werden kann. Und Robert K. weiß, dass ein ungewaschener, vermatschter Porsche in Wahrheit ein Frevel ist. Aber: »Ein bis zwei Tode muss man schon sterben, wenn man schnell unterwegs sein möchte«, sagt der Meersburger und setzt sich grinsend in seinen ungewaschenen Sportwagen.

Die Sonnenblendfolie

Martin G. aus Oldenburg setzt bei seinem Wagen auf eine dunkle Werbefolie, die ihm hilft, wenn die Sonne fies von vorne blendet. »Das Ding ist besser als die serienmäßigen Klappblenden im Auto. Tief stehende Sonnenstrahlen können mich nicht mehr stören«, sagt der Kaufmann. »Und – bei Brückenmessanlagen sieht die grüne Rennleitung auch nur einen schwarzen Balken, und mit dem lässt sich ein Fahrer nicht zweifelsfrei identifizieren …«

Das abgefallene Kennzeichen

»Grundsätzlich ist die Polizei nicht begeistert, wenn man ohne Fremdkennzeichen fährt«, erklärt Paul R. aus Südbaden. Seine Manipulationsmethode: »Die kaputte Nummernschild-Klipphalterung, die ich mir von einem alten Schrottauto runtergeschraubt habe. Bei einer Polizeikontrolle erkläre ich, dass auf der Autobahn eine Holzkiste lag, die ich frontal mitgenommen habe. Das Kennzeichen habe ich dann im Auto hinter die Windschutzscheibe gelegt … Keine Probleme mit den Verkehrshütern«, sagt Paul R., »und auch keine, wenn ich just in solchen Momenten geblitzt werden sollte.«

Der Klarlack

Dirk B., Mitarbeiter eines Pharmaunternehmens, ist berufsbedingt viel unterwegs und ständig unter Zeitdruck. »Ich habe mein Kennzeichen mit Klarlack besprüht. Das ist mit dem bloßen Auge nicht erkennbar, und wenn ich geblitzt werde, reflektiert der Lack derart, dass mein Kennzeichen auf dem Blitzerfoto nicht zu lesen ist.«
Autofahrer B. sollte aufpassen: Zwar stellt ein solches Vorgehen nach der Entscheidung des BGH vom 21.09.1999 (NJW 2000, 229) keine Urkundenfälschung mehr dar, erfüllt wohl aber den Tatbestand des Kennzeichenmissbrauchs gem. § 22 Abs. 1 Nr. 3 StVG.

Das Ahornblatt

»Das kann nun wirklich jedem einmal passieren: Vorne wirbelt ein Auto ein großes Ahornblatt oder eine herumfliegende Einkaufstüte auf und – klatsch – klebt sie über meinem Frontkennzeichen. Dafür kann keiner was…« Glaubt Walter T. aus Nürnberg, und tatsächlich, bestraft wurde der Bodenlegermeister noch nie. »Und im Falle eines Blitzes ist das Kennzeichen einfach nicht zu erkennen.« Dass er gelegentlich Blätter, Tüten und feuchte Kartonstreifen selbst aufklebt, würde Walter T. nicht zugeben. Schon gar nicht bei einer Polizeikontrolle.

Das Sprühwasser

Die vermutlich höchste Kunst des straffreien Rasens beherrscht der Kölner Vertreter Hubert B. Der 48-jährige Mann fährt um die 80.000 Kilometer pro Jahr und vertraut auf seine Fähigkeit, im richtigen Moment die Scheibenwaschanlage zu betätigen. »So etwas lernt man natürlich nicht in der Fahrschule«, verrät B., »sondern baut in meinem Fall auf jahrelange Erfahrung mit Radarfallen und einem Konto von 14 Punkten in Flensburg vor etwa fünf Jahren.«

B. war gezwungen umzudenken. Entweder er hält sich künftig an die Verkehrsregeln (»Zeit ist Geld«), oder er rast weiter und bekommt den Führerschein entzogen. B. wählte einen dritten Weg und perfektionierte seine Sprühwassertechnik. »Auf Autobahnabschnitten mit Tempolimit halte ich ständig ein oder zwei Finger am Scheibenwischerhebel. Oft ist es einfach zu spät, um noch zeitig abzubremsen, und dann wird gesprüht. Auf den Blitzerfotos ist der Fahrer dann leider nicht zu identifizieren. Und im Zweifel war eben nicht ich am Steuer, und die fälligen Punkte fallen in die Tonne.« Auf eines achtet B. übrigens immer: Seine Waschanlage ist stets randvoll.

Eineiige Zwillinge

In Deutschland gab es 2006 10.538 Zwillingsgeburten. Etwa ein Viertel aller Zwillinge sind eineiig – sehen also fast vollkommen identisch aus. Sie sind die großen Lotteriegewinner mit gleichsam lebenslangem Freifahrschein im Straßenverkehr. Keine Sonnenbrillen, Perücken oder Mützen sind nötig, um eine Radarmessung anzufechten. »Ich kann das nicht gewesen sein«, könnten beiden sagen, und schon gilt der alte Rechtsgrundsatz »In dubio pro reo«. Die Behörden können in solchen Fällen nicht zweifelsfrei belegen, wer von beiden gefahren ist. Ganz nebenbei: Selbst wenn die Polizei im »Tatfahrzeug« eine DNA-Probe entnehmen würde, stünde sie am Ende mit leeren Händen da: Eineiige Zwillinge haben als einzige Menschen auf der Welt eine absolut identische Erbsubstanz.

Flensburg-Punkte großzügig verteilen

Die fränkische Rentnerin Ursula K. verfolgt eine andere Strategie als der junge Johannes T. aus dem Bergischen Land. Sie hat – wie so viele Rentner – schlichtweg keine Zeit, um sich an Geschwindigkeitsbegrenzungen oder umspringende Ampeln zu halten. »Bei Gelb oder Hellrot zieh ich meistens durch«, erklärt die rüstige Frau. Die Konsequenzen aus dieser Fahrkultur liegen auf der Hand: Binnen weniger Jahre hatte die Dame 12 Punkte in Flensburg angesammelt, denn zahlen – so wurde die Dame schließlich erzogen – sollte man für seine Fehler schon. Nur der Punktestand machte ihr zu schaffen, schließlich drohte über kurz oder lang ein Fahrverbot.

Ursula K. hat sich darauf besonnen, dass man nicht nur nehmen, sondern auch mal geben muss. Seither verteilt sie ihre Punkte im Freundes- und Familienkreis. »Die letzte Sache mit einer Ampel ging an meine Freundin Erika, die seit drei Jahren nicht mehr Auto fährt und somit auch nicht auf ihr Punktekonto in Flensburg achten muss. Drei Punkte hat unlängst meine Tochter aufgenommen, und sollte wieder was kommen – Gott bewahre –, habe ich ja noch zwei Cousinen ohne Auto.« Es versteht sich aber von selbst, dass die Dame die angefallenen Geldbußen aus eigener Tasche beglichen hat.

Allerdings: Die Dame begibt sich mit ihrer Verteilpraxis in geradezu schwerkriminelles Milieu. Irreführung der Behörden, falsche Verdächtigung und mittelbare Falschbeurkundung amtlicher Register stünden in ihrem Fall an. Ursula K. nimmt es gelassen: »Wo kein Kläger ist…«

Die James-Bond-Brille

»Das modische Accessoire von Polaroid hat im Grunde die Lizenz zum Rasen«, sagt Jonas M. aus der Nähe von Nürnberg. »Die Polaroid-Sonnenbrille (ab ca. 50 Euro) verfügt über einen Polarisationsfilter, mit dem sich leicht durch spiegelnde Autoscheiben hindurchblicken lässt, hinter denen fiese Radarmesser oder Kameras verborgen sind.« Der Automechaniker bedient sich letztlich der Technik der »Gegenseite«. Mit solchen Filtern arbeiten die Blitzerkameras, um gestochen scharfe Fotos durch die Frontscheibe machen zu können – egal, bei welchem Lichteinfall. »Metallbedampfte Scheiben lassen sich übrigens nicht durchleuchten«, erklärt Jonas M., aber die coolen Gläser haben ihm schon einige Strafmandate erspart.

Die Katzenaugen

Silvio F. aus Dresden setzt auf Sicherheit. »Mit weißen Katzenaugen rund um das Nummernschild vorne werde ich im Straßenverkehr besser erkannt«, sagt der Opel-Fahrer. Am Fahrrad seien sie schließlich auch gefordert, sagt der Schnellfahrer. Nun, beim Auto sind sie eher als »nicht erlaubte Beleuchtungsanlage« angesehen und können eine Geldbuße und Punkte nach sich ziehen. »Wenn ich in eine Radarfalle gerate, funktionieren die Katzenaugen wie eine Gegenblitzanlage«, behauptet F., »das Nummernschild ist nicht zu erkennen.«

Unter www.achtung-verboten.com setzt sich ein fachkundiges Onlineforum mit diesen und weiteren Methoden detailliert auseinander …

Das Abhören des Polizeifunks kann eine spannende und im Zweifel für manch einen auch sehr hilfreiche Sache sein. Der Polizeireporter käme frühzeitig und exklusiv an seine Storys, und der gelangweilte Rentner wäre nicht mehr auf stupide Nachmittagsgerichtsshows angewiesen. Aber wie so vieles, was Spaß macht: leider verboten! Weil eben nicht nur ambitionierte Reporter und interessierte Bürger vom Behördenfunk profitieren würden, sondern auch gewiefte Verbrecher oder notorische Verkehrssünder, die beim traditionellen Katz-und-Maus-Spiel möglichst nicht mitbekommen sollten, was die Ordnungshüter gerade in Planung haben. Deshalb Vorsicht: Das Lauschen des Polizeifunks unterliegt dem Abhörverbot, das in Paragraf 89 des Telekommunikationsgesetzes geregelt ist. Der Besitz eines Funkscanners ist in Deutschland nicht verboten, und benutzen darf man diese Geräte auch. Aber eben nicht die Frequenzen, auf denen die Polizei und Behörden sich austauschen. Wer es dennoch tut, muss mit empfindlichen Geld- oder gar Haftstrafen rechnen.

So schafft sich die Mehrheit der Bundesbürger keine Funkscanner an und hört mit den haushaltsüblichen Radioempfängern, die auf den europäischen Frequenzbereich zwischen 87,5 und 107,9 MHz eingestellt sind, brav das frei empfangbare Radioprogramm. Das Abhören des »Betriebsfunks der Behörden und Organisationen mit Sicherheitsaufgaben« (BOS) ist mit dem Radio zu Hause technisch auch gar nicht möglich, da die BOS-Frequenzbereiche entweder unter 87,5 oder über 107,9 MHz liegen. Schade eigentlich, denn zu gerne würde man doch mal erfahren, was beispielsweise auf folgenden Frequenzen so gesprochen wird:

Bundesinnenministerium	**84,615**
Bundeskriminalamt	**76,755/86,555**
Bundespräsidialamt	**76,975**
Landeskriminalamt München	**84,795**
Bundesgrenzschutz Berlin	**85,095**
Polizei Berlin	**85,775**
Polizei Düsseldorf	**84,655**
Bundesgrenzschutz Flughafen Frankfurt	**85,575**
Landeskriminalamt Hamburg	**85,415**
Polizei Köln	**84,595**
(Stand: Dezember 2008)	
Andere interessante BOS-Funkfrequenzen, die nur mit geeigneten Funkempfängern abgehört werden können, aber nicht abgehört werden dürfen:	
Verfassungsschutz	**167,56/172,16**
Bundeskriminalamt	**169,30/173,90**
Weitere Frequenzen unter www.achtung-verboten.com	

Nun hat sich der Kaufmann Peter H. aus der Nähe von München kürzlich einen iPod angeschafft und mühsam in tagelanger Kleinarbeit seine CD-Sammlung auf das Gerät gespielt. Aber auch das wurde ihm irgendwann langweilig, und so kaufte er sich zu Weihnachten für knapp 50 Euro das Apple iPod Remote Radio. Fein, dachte er sich. Radio hören mit dem iPod, und da das kleine Zusatzgerät nicht nur den europäischen Frequenzbereich beinhaltet, sondern auch den japanischen (74 bis 87 MHz), wollte er mal checken, was in den fernöstlichen Top Ten gerade gespielt wird. Und plötzlich wurde er ganz bleich: »Maulwurf 1 an Sperber 7«, hörte er da auf 75,915 – »Zielobjekt biegt jetzt in die Mauerkirchner Straße, Zugriff in drei Minuten.« Um Gottes willen, das ist verboten, dachte er und stellte rasch Bayern 3 ein. Gleichwohl hat sich Peter H. im Internet kundig gemacht, wie er den Funk – den er ja eigentlich nicht abhört – überhaupt richtig verstehen kann. Dabei ist er auf die folgende Auflistung gestoßen:

Die wichtigsten Abkürzungen im Polizeifunk in Auszügen

018	Bombendrohung
021	Banküberfall
022	Bande
025	Zechprellerei
028	Waffen
029	Verstärkung
032	Verkehrsunfallflucht
035	Verfolgung
036	Verdächtige Person
038	Überfall
039	Totschlag
041	Täter
042	Tatort
045	Sprengstoffanschlag
057	Ausbruch
064	Betrunkener
070	Diebstahl
072	Einbruch/Einbrecher
075	Exhibitionist
106	Kripo
107	Leiche
110	Mörder/Mord
115	Raub
116	Rauschgift
121	Schusswaffengebrauch
224	Geschwindigkeitskontrolle
229	Observation
231	Geiselnahme/Entführung
234	Nicht einsatzbereit
Alle Funkcodes unter www.achtung-verboten.com	

In Radarfallen ist der Kaufmann H. nicht mehr geraten, seit er in seltenen Fällen auf seinem iPod nach japanischen Radiosendern sucht: »Ich kann mich gegen diese Funksprüche ja kaum zur Wehr setzen…«

Den Taxifunk mithören

Das Lauschen des Taxifunkes ist nicht verboten, da es sich hier nicht um den klassischen Behörden-, sondern simplen Betriebsfunk handelt. Die meisten Frequenzen liegen oberhalb von 150 MHz und sind furchtbar langweilig. »Wenn da nicht die doch sehr zuverlässigen Durchsagen über Verkehrs- und Geschwindigkeitskontrollen wären«, sagt Amateurfunker Wolfgang S. aus Berlin. Er hat seinen Funkscanner immer auf Empfang – »die Frequenzen hat mir ein freundlicher Taxifahrer gegen 10 Euro Trinkgeld mitgeteilt. Das Geld habe ich längst wieder drin«, sagt S., ein begeisterter Schnellfahrer.

Beleidigungen und was sie wert sind

Etikette bewahren ist etwas für feine Abendgesellschaften. Die Straße ist ein Dschungel, und da gelten bekanntlich andere Sitten. Was der Gesetzgeber leider nicht so sieht. Er fordert sittliches Verhalten und bestraft mit aller Härte, wer sich im gegenseitigen Miteinander daneben verhält. Obwohl der Tatbestand der Beleidigung nach § 185 Strafgesetzbuch mit bis zu einem Jahr Freiheitsstrafe bedroht wird, kommen am Ende zumeist saftige Geldstrafen heraus. Die wiederum orientieren sich über das Mittel der Tagessätze am Einkommen des Beschuldigten. Eine verbindliche, allgemeingültige Strafe kann hier also nicht aufgeführt werden, die kleine Auflistung soll jedoch die durchschnittlichen Tarife etwas erhellen:

Stinkefinger	ca. 4000 Euro
Vogel zeigen	ca. 1000 Euro
Daumen und Zeigefinger zum Kreis geformt	ca. 750 Euro
Scheibenwischergeste	ca. 350 Euro
Zunge gegenüber Polizeibeamten rausstrecken	ca. 300 Euro
Zunge rausstrecken	ca. 150 Euro
Beleidigung gegenüber Polizeibeamten:	
Arschloch	ca. 5000 Euro
Dienstgeile Tussi	ca. 1800 Euro
Bloßes »Duzen«	ca. 1300 Euro
Raubritter	ca. 1000 Euro
Asozialer	ca. 550 Euro
Idiot	ca. 450 Euro
Leck mich …	ca. 300 Euro
Sie können mich mal …	0 Euro

»Sie können mich mal…« oder »Wissen Sie, was Sie mich können?« sind die mit weitem Abstand günstigsten Beleidigungen auf dem freien Markt.

Das zumindest hat das Oberlandesgericht Karlsruhe am 1. Juni 2004 entschieden (1Ss 46/04 – VRS Bd. 107/04, 102).

»Wissen Sie was, Sie können mich mal!«, sagte ein Mann zu einer Politesse, die sich das naturgemäß nicht bieten lassen wollte. Vor dem Landgericht Karlsruhe wurde der leicht erregbare Mann zu einer Geldstrafe in Höhe von 540 Euro verurteilt.

Das OLG sah den Fall etwas differenzierter. Was hätte die Polizeibeamtin den Mann denn können? »Mal eben zum Auto begleiten«? »Gern haben«? »Kreuzweise«? Oder »am Arsch lecken«? Was in der

Tat als Beleidigung hätte gedeutet werden können, vor allem aber Johann Wolfgang von Goethe gegenüber, dessen Originalzitat im »Götz von Berlichingen« so lautete: »Er aber, sag's ihm, er kann mich im Arsche lecken«. Im!

Die Richter sahen die Beleidigung nur in der Interpretation der Politesse gegeben, die den unvollständigen Satz in ihrem Sinne fortgeführt hätte. Der Parksünder hatte also offenbar den richtigen Ton getroffen.

Nicht so Dieter Bohlen: Der will bei einer Verkehrskontrolle zu einem Polizisten den Satz »Schönen Abend noch« gesagt haben. Der Beamte erstattete Anzeige – wegen des unschönen Wörtchens »Arschloch«. Das machte stattliche 100.000 Euro Geldstrafe für den Poptitanen.

Freundliche Verabschiedungsformeln bei Polizeikontrollen sind deshalb entgegen aller Erziehungslehren tunlichst zu vermeiden.

Wer einen Ordnungshüter bei einer Verkehrskontrolle als »Wegelagerer« bezeichnet, kommt zumindest im Freistaat Bayern ohne Strafe davon. Das entschied das Bayerische Oberste Landesgericht und sah den Begriff »Wegelagerer« oder »Wegelagerei« als Teil des Grundrechts auf Meinungsfreiheit an. Den Richtern zufolge sei es nicht auszuschließen, dass der Autofahrer sich nur über die Tatsache mokiert habe, dass Verkehrsverstöße geahndet werden.

Wer sich also nicht zurückhalten mag, aber nicht über vergleichbar große Geldreserven wie Dieter Bohlen verfügen kann, sollte sich auf den »Wegelagerer« beschränken oder eben die Beamten freundlich ersuchen, mal etwas zu können.

Die Gebrauchtwagen-Abzocke

Die Situation

Kaum irgendwo wird so viel betrogen wie bei Gebrauchtwagengeschäften. Hier die gängigsten Maschen:

[] **Das Vermittlungsangebot** *Ein Autohändler bietet an, den Gebrauchtwagen zu einem fest vereinbarten Preis zu verkaufen. Die Falle: Der Händler erhebt bis zum Verkauf eine Hofgebühr, und der Preis ist derart hoch angesetzt, dass kein Mensch den Wagen kaufen will. Am Ende sind die Standgebühren für das nicht verkaufte Auto richtig gesalzen!*

[] **Das Schnäppchen** *Dumm gelaufen! Schönes Auto im Internet gesehen, 300 Kilometer zum Händler gefahren, und der Traumwagen ist wider Erwarten weg. Oder deutlich teurer als ursprünglich erwartet. Dem enttäuschten Kunden wird natürlich ein anderes Auto angeboten … Meistens ein lausiger Kauf!*

[] **Die Unruhe** *Viele Gebrauchtwagenhändler verbreiten Hektik. Andere Kunden warten, das Telefon klingelt ständig, ein weiterer »Kunde« – nicht selten ein Fake – interessiert sich auch intensiv für den Wagen. Zeitdruck, das Kleingedruckte im Vertrag nicht gelesen – verloren!*

[] **Das Topangebot** *Per Telefon bietet ein Außendienstmitarbeiter einen unschlagbaren Preis für den Gebrauchten. Der arglose Verkäufer fährt das Auto – es ist selbstverständlich wieder eine lange Anfahrt! – zum Händler. Der »prüft« den Wagen und findet zahlreiche Mängel. Den am Telefon versprochenen Preis kann er unter diesen Umständen natürlich nicht mehr zahlen. Der Verkäufer knickt in der Regel entnervt ein …*

[] **Der Scheck** *Der ahnungslose Privatverkäufer bietet sein Auto im Internet oder in einer Zeitung zum Verkauf an, ein Interessent aus dem Ausland meldet sich und ist mit dem Preis einverstanden. »Versehentlich« schickt er einen Scheck, der auf eine weitaus höhere Summe ausgestellt ist. Der Differenzbetrag soll nun dem Käufer bei der Fahrzeugübergabe bar zurückbezahlt oder über Western Union zurücküberwiesen werden. Nach einigen Wochen platzt der vorerst gutgeschriebene Scheck. Das Auto ist weg und überdies das zurückgegebene Geld.*

[] **Die Exportliste** *Der private Verkäufer erhält ein Angebot, dass sein Wagen in eine sogenannte Exportliste aufgenommen wird. Der Kauf des Autos wird damit allerdings nicht vereinbart – nur die teure Aufnahme in eine Liste, die auf anderen Internetseiten gar nichts kosten würde.*

[] **Die SMS** *Per SMS wird ein unwissender Autoverkäufer um Rückruf gebeten. Leider sind das in der Regel sehr teure Telefonnummern mit ewig langen Warteschleifen. Und für das Auto findet sich am Ende auch kein Käufer.*

Der Tachoservice

Der angebotene Wagen im Internet sah ganz nach einem Schnäppchen aus. Unfallfrei, optisch einwandfrei und nur wenig Kilometer auf der Uhr. Bei 8000 Euro Verhandlungsbasis musste man zuschlagen, zumal bei einem Diesel mit dieser Laufleistung. Gut, wir wissen, wie Lustkäufe dieser Art bisweilen enden. Zahnriemenriss nach 10.000 Kilometern, obwohl er noch 40.000 hätte halten müssen, Motorschaden, 3500 Euro Reparatur. Und dann kommen sie, die schlauen Hinweise: »Das hätte man auf den ersten Blick sehen müssen. Bei nur 60.000 Kilometern auf dem Tacho hätten die Sitze nicht derart abgewetzt sein dürfen. Und dann das Lenkrad – total abgegriffen. Das sieht mir eher nach 200.000 Kilometern aus.«
»Tachojustierung« oder »Tachoservice« sind die Schlüsselwörter in Internetsuchmaschinen oder perfiden Kleinanzeigen. Auf den ersten Blick liest sich das so unverdächtig wie »Ölwechsel« und »Kundendienst«.

In Wirklichkeit lassen perfide Betrüger für einen Preis von etwa 50 Euro ihre Kilometerstände zurückstellen. So etwas kann nach Paragraph 22b des Straßenverkehrsgesetzes mit einer Geldstrafe oder bis zu einem Jahr Haft bestraft werden. Die Manipulationsgeräte können die Anbieter problemlos für etwa 7.000 Euro kaufen und damit alle derzeit auf dem Markt erhältlichen Fahrzeugtachos bearbeiten. Bei den meisten Autos muss noch nicht einmal der Tacho ausgebaut werden – der Anschluss an die OBD-Schnittstelle genügt schon.

Der ADAC hat festgestellt, dass im Moment kein aktuelles Fahrzeug sicher vor Tachomanipulationen ist. Auch bei Miet- oder Leasingfahrzeugen ist die »Tachojustierung« mittlerweile sehr gefragt. Und es ist natürlich verboten, schließlich ließen sich so Mietpreise oder Leasingschlussraten drücken, und das wäre schlicht unehrlich!

Es gibt allerdings auch Fahrzeuge, bei denen man auf dem Gebrauchtwagenmarkt ein richtiges Schnäppchen machen könnte: die Firmenwagen betrügerischer Außendienstmitarbeiter. Horst F. aus Sindelfingen ist solch ein Kandidat. Hohe Benzinpreise, schlechte Umsätze und die fristlose Kündigung seines Arbeitskollegen Frank M. ließen ihn aufhorchen. Kollege M. wurde gefeuert, weil er auf Firmenrechnung nicht nur seinen Dienst-Audi auftankte, sondern auch den Mini seiner Gattin und den Polo seines 18-jährigen Sohnes. Einem Controller war aufgefallen, dass M.s Firmenkombi bei einer jährlichen Laufleistung von etwa 50.000 Kilometern mehr als 25 Liter je 100 Kilometer verbraucht hatte. Etwas viel für einen Diesel – der Mann musste sofort seinen Schreibtisch räumen.

Horst F. regelt dieses Problem deshalb auf seine Weise: Er schickt seinen Tachometer einmal pro Jahr nach Holland zum Service. Dort werden die Kilometer aufgespielt, die Horst F. braucht, damit seine Freundin und sein Vater auf Firmenkosten mittanken können. Bleibt abzuwarten, ob der Controller nun sämtliche Dienstreisen F.s nachkalkuliert. Wer irgendwann F.s Auto gebraucht erstehen sollte, darf sich freuen. Die Mercedes C-Klasse hat in Wahrheit mindestens 50.000 Kilometer weniger auf dem Buckel als angegeben.

Die Tachoservice-Gegenkontrolle

Häufig wird ein »Tachoservice« erst kurz vor dem Verkauf des Fahrzeuges vorgenommen – die Ausnahme ist das Firmenfahrzeug mit »zu vielen« Kilometern auf dem Buckel. Wer beim Kauf eines Gebrauchtwagens seine Zweifel hat, fordert bei der zuletzt gestempelten Prüfbehörde eine Zweitschrift der Hauptuntersuchung (HU) an. Ist der Kilometerstand seit dem letzten Check deutlich zurückgegangen …

Wie die Tachomanipulation vertuscht wird

Die versiertesten Betrüger werden natürlich darauf achten, dass ein Auto mit falschen 100.000 Kilometern optisch nicht nach den gefahrenen 200.000 Kilometern aussieht. Ungeachtet dessen, dass professionell manipulierte Gebrauchtfahrzeuge immer frisch poliert und im Innenraum shampooniert sind, inklusive Motorwäsche und Additiven in Motor- und Getriebeöl, gehören zu den wichtigsten Maßnahmen:

- *»Neue« gebrauchte Pedalgummis, die nicht zu neu wirken, aber eben besser aussehen als die, die bereits über 200.000 Kilometer verschlissen wurden,*
- *ein »neues« gebrauchtes Lenkrad und*
- *ein »neuer« gebrauchter Schaltknüppel mit Manschette, um ähnliche Verdachtsmomente wie bei den Pedalgummis auszuschließen.*

Nicht selten werden bei Tachomanipulationen das Produktionsdatum von Tacho und Steuergeräten beschädigt und danach wieder ersetzt. Wer bei seinem gebraucht gekauften Fahrzeug im Zuge eines Werkstattchecks den Hinweis erhält, dass Steuergerät und Tacho mit dem Herstellungsjahr 2007 in einem Auto mit dem Baujahr 2004 verbaut sind, sollte ein kleines bisschen stutzig werden …

Passwörter knacken und Internetfallen

Die Suche nach dem Passwort

Nils R., ein 22-jähriger Student und Computerfreak, hat uns verraten, wie er im Netz auch ohne eigene Passwörter durchkommt.

Die Brute-Force-Methode: Wer sich in ein fremdes Konto einloggen möchte und das Passwort nicht kennt, hat zwei Möglichkeiten. Die Brute-Force-Strategie (siehe Internet) oder die Methode, häufige Passwörter auszuprobieren.

Der Password-Genius: Im Internet können Programme wie »Password Genius« heruntergeladen werden, die nahezu jedes Passwort finden wie das Administrator-Kennwort eines Windows-Rechners, die Seriennummer von Microsoft-Produkten oder jedes denkbare Passwort eines beliebigen E-Mail-Accounts.

Die US-Passwörter: Eine Phishing-Seite, in der MySpace-Nutzer zur Preisgabe ihrer Account-Angaben verleitet wurden, veröffentlichte die preisgegebenen Passwörter. Hier die am häufigsten benutzten Passwörter der US-Nutzer:

1. *password1*
2. *abc123*
3. *swimmer1*
4. *iloveyou1*
5. *monkey1*
6. *fuckyou*
7. *123456*
8. *myspace1*
9. *fuckyou1*
10. *password*
11. *babygirl1*
12. *iloveyou2*
13. *football1*
14. *princess1*
15. *123abc*

Die europäischen Passwörter: Der kalifornische Sicherheitskonzern McAfee hat die gebräuchlichsten Passwörter der europäischen Online-User ermittelt. Das Ergebnis zeigte, dass die meisten nicht besonders kreativ seien und Informationen verwendeten, die sie auf anderen Webseiten öffentlich machen würden. Wer sich in einen fremden Computer einhacken will, sollte folgende Informationen in allen denkbaren Varianten ausprobieren (gerne verwendet wird eine einstellige Ziffer nach dem Wort)

1. *Name des Haustiers*
2. *Hobby*
3. *Geburtsname der Mutter*
4. *Geburtstag eines Familienmitglieds*
5. *Eigener Geburtstag*

6. *Name des Partners*
7. *Eigener Name*
8. *Lieblings-Fußballmannschaft*
9. *Lieblingsfarbe*

Die deutschen Passwörter: Erst kürzlich wurden im Internet in illegaler Weise die Zugangsdaten einer deutschen Singlebörse veröffentlicht. Uns liegen die Informationen vor. Anbei eine Auflistung der am häufigsten verwendeten Passwörter:

1. *123456*
2. *ficken*
3. *12345*
4. *hallo*
5. *123456789*
6. *12345678*
7. *schatz*
8. *daniel*
9. *askim*
10. *nadine*
11. *1234*
12. *passwort*
13. *baby*
14. *frankfurt*
15. *sommer*

Mit einer Internetseite Geld verdienen

Betrüger verwenden Bannerprogramme, bei denen man pro Klick bis zu 50 Cent erhält. Sie bauen den Banner auf der Seite in einen Frame, den man gar nicht sieht (Framebreite = 0). Dann schalten sie eine automatische Weiterleitung, die zu dem Bannerlink führt, die sich dann ebenfalls in einem versteckten Frame öffnet. So erreichen sie, dass sowohl die Bannereinblendung als auch die Klicks gezählt werden, obwohl das niemand, der die Seite öffnet, überhaupt bemerkt.

Die Kostenfalle im Internet

Eine beliebte, allerdings fragwürdige und in einer rechtlichen Grauzone schwebende Einnahmequelle im World Wide Web sind Internetseiten mit klug verborgenen Preisangaben – sogenannte Kostenfallen. Die Inhalte dieser Seiten sind auf den ersten Blick durchaus attraktiv. Mal kann man sich seine Lebenserwartung »wissenschaftlich« ausrechnen lassen, mal darf der interessierte Nutzer erforschen lassen, ob hinter seinem Namen womöglich eine längst vergessene Adelsfamilie steckt. Auf anderen Seiten geht es um Sudoku-Rätsel, den Autoführerschein oder leckere Kochrezepte.

Die Idee: Die Seiten sind inhaltlich und optisch ansprechend und freundlich gestaltet. Es geht um Themen, die viele Menschen häufig googeln – das Leben, die Familie, den Haushalt, um Sonder- und Gratisangebote, Lebenshilfe oder beliebte Rätsel, Wissens-, IQ- oder Persönlichkeitstests … der Fantasie dieser Seitenbetreiber sind keine Grenzen gesetzt.

Im Zentrum dieser Homepages steht immer ein Anmeldeformular mit der Einladung, an dem Spiel, der Auswertung oder dem Test teilzunehmen – nicht selten verbunden mit dem Versprechen, an einem attraktiven Preisausschreiben mitzumachen. Auf dem Anmeldeformular müssen der vollständige Namen, die Adresse nebst Mailadresse angegeben werden, und schon ist der gutgläubige Kunde nur einen Schritt von der verbindlichen Teilnahme entfernt …

Die Methode: Wenn die persönlichen Daten eingetragen sind, muss nur noch mit einem Klick die Zustimmung zu den »Allgemeinen Geschäftsbedingungen (AGB) gegeben und das Ganze mit einem abschließenden Mausklick bestätigt werden, und fertig ist das große Geschäft.
In den AGBs, gut versteckt und häufig in sehr blasser Farbe und klein gedruckt an den Rand gestellt, »erfährt« der Kunde, dass bei diesem Angebot Kosten entstehen. Mal sind es 19,90 Euro, mal 39 Euro, 59 Euro oder 98 Euro – je nachdem, wie gut und außergewöhnlich das Angebot eben ist.

Die Vollstreckung: Da der durchschnittliche Internetnutzer nur in den allerwenigsten Fällen seitenlange, unverständlich formulierte Allgemeine Geschäftsbedingungen liest, tappen nicht wenige Ahnungslose in diese Falle. Kaum ist die Anmeldung bestätigt, kommt per Mail die erste Rechnung. Wer dann noch nicht bezahlt hat, bekommt Mahnungen, und am Ende drohen die Seitenbetreiber mit Schufa-Einträgen oder Strafanzeigen. Inkassounternehmen werden sich melden, und am Ende passiert gar nichts. Kein Problem, es gibt immer wieder Gutgläubige oder Obrigkeitstreue, die ihre Rechnungen bezahlen – und so den Seitenbetreibern hübsche Nebeneinnahmen bescheren. Die Geschäftsadressen dieser Firmen liegen natürlich gern irgendwo in Großbritannien, Dubai oder auf den britischen Jungferninseln – Postfachadressen natürlich.

Die »besten« Beispiele

- *www.kochrezepte-server.com*
- *www.lebenserwartung.de*
- *www.sudoku-welt.com*
- *www.tester-heute.de*

Die Wegwerf-Mailadresse

Für Menschen, die ihre wahre E-Mail-Adresse nicht preisgeben oder einsetzen möchten, gibt es beispielsweise Dienste wie www.trashmail.com. Eine Anmeldung ist auf dieser Seite nicht nötig, Personalien müssen nicht hinterlassen werden, kein Log-in, nichts.

Wer im Chat oder wo auch immer nach seiner Mailadresse gefragt wird, kann sich in Sekundenschnelle eine ausdenken: ob anonymerhorst@trash-mail.com, mülleimer@trash-mail.com oder nassauer@trash-mail.com … nichts ist hier unmöglich! Außer dem Mailversand. Die Adresse kann nur empfangen.

Die anonyme Mailadresse

Wer im World Wide Web eine umfänglich funktionierende Anonymadresse braucht, erhält diese am einfachsten bei GMX. Unter www.gmx.net dauert es keine drei Minuten, bis man eine neue Mailadresse – also neue Identität – besitzt, mit der man ohne weitere Umstände in Foren, Chats oder wo auch immer verkehren kann. Kostenloser Mailempfang und -versand, und bei der Anmeldung kann man bei den persönlichen Daten den berühmten Max Mustermann oder dergleichen eingeben.

Anonym im Internet

Hacker Peter R. beschreibt die Möglichkeiten der Anonymisierung so: »Das kommt darauf an, was Sie vorhaben. Falls es darum geht, ein Kapitalverbrechen vorzubereiten: Man wird Sie finden! Wenn es um einen Spaß am Kollegen geht, so helfen Anonymisierungsdienste wie www.anonymizer.com oder das Tor-Netzwerk (www.torproject.org). Für das Tor-Netzwerk gibt es ein praktisches Firefox-Plugin unter https://addons.mozilla.org/de/firefox/addon/2275.

Um zu verhindern, dass das eigene Surfverhalten aufgezeichnet werden kann, ist es ausreichend, wenn nach jeder Surfsession die Cookies gelöscht werden. Alternativ kann man den ›Privat-Modus‹ der Webbrowser benutzen.«

Die geborgte Bankverbindung im Internet

Für Menschen mit zweifelhafter Moral sind Bankdaten so gut wie überall zu bekommen. Sie stehen auf Rechnungen – Stadtwerke, Amt für öffentliche Ordnung, Energieanbieter, Handwerker und Autohäuser – oder sind im Internet zu finden: Spendenkonten, Geschäftskonten, um nur einige zu nennen. Besonders skrupellose Internet-User benutzen diese Kontodaten jedoch nicht, um ihre Rechnungen bei den betreffenden Institutionen oder Firmen zu begleichen – sie zahlen auf Kosten dieser Bankkonten.

Bei Lastschriftverfahren im Internet ist eine Überprüfung der Identität des Zahlenden nicht möglich. Alles, was das System prüfen kann, ist: Passen die angegebenen Daten zusammen, also Kontonummer, Bankleitzahl und Kontoinhaber. Wenn jemand auf Kosten der Stadtkasse seines Heimatortes im Internet einkaufen oder an einer kostenpflichtigen Partnervermittlung teilnehmen möchte, genügen derzeit die Bankdaten und eine anonyme Mailadresse. Das ist ganz schön fahrlässig und grenzt fast an eine förmliche Einladung an Internetbetrüger …

Mit ein paar Klicks endlich 18 …

Jugendliche müssen bei Onlinespiele häufig ihre Ausweisnummer eingeben, um damit nachweisen zu können, dass sie mindestens 18 Jahre alt sind. »Aber auch hierfür hat das World Wide Web eine Lösung gefunden«, verrät der 16-jährige Onlineprofi Alex W. aus Erding: »Unter http://berlin.ccc.de/cgi-bin/perso lasse ich mir nach Bedarf eine Perso-Nummer generieren, mit der ich mindestens 18 bin und der Ausweis definitiv auch noch gültig ist.«

Eine fremde Domain wegschnappen

Im März 2008 gewann ein Verein im Streit um die Domain braunkohle-nein.de vor dem LG Schwerin (Az.: 3 O 668/06). Unter Umständen reicht es also aus, wenn man einen Verein gründet, der genauso heißt wie die begehrte Domain, um sich die Domain zu sichern.

Tricks von Onlinezockern

Bei Onlinespielen gibt es eine Reihe von Tricks, mit denen man seine Mitspieler aus dem Weg räumen kann. Gerade bei Onlinerollenspielen entstehen reelle Werte. So kosten 3.000 Millionen Yang für Metin2 (von Gameforge) auf eBay derzeit rund 3.216 Euro. Im Januar 2009 wurde bei der Polizei in Bochum eine ungewöhnliche Anzeige aufgegeben: Diebe klauten einem Avatar 7 Millionen Yang, ein Siamesenmesser, Phönixschuhe und ein Himmelstränenband. Vermutlich handelt es sich dabei noch nicht einmal um einen Diebstahl, da dieser gemäß Paragraph 242 Abs. 1 Strafgesetzbuch als Entwendung einer fremden beweglichen Sache definiert wird. Bislang wurde in Deutschland noch nie jemand wegen Diebstahls virtueller Gegenstände belangt. Der Cyberspace ist noch ein Eldorado für Gangster – große Werte und keine Strafverfolgung.

[] **Der Cheat-Trick** *Hier bieten die Gangster an, einen Trick zu verraten, mit dem das Computerprogramm angeblich manipuliert werden kann und so wertvolle Onlinegegenstände oder das Spielgeld vervielfältigt werden. Dafür soll der Spieler einen Gegenstand auf den Boden legen und eine bestimmte Tastenkombination drücken (etwa Steuerung, Alt und Entfernen). Tatsächlich schließt sich nur das Fenster, und der Cyberdieb kann den Gegenstand in aller Ruhe entwenden.*

[] **Der Geheimcodetrick** *Die Betrüger schicken Lockangebote, die etwa eine lebenslange Mitgliedschaft versprechen. Hierbei soll der Spieler seine persönlichen Daten eingeben. Freilich geht dabei nicht nur ein Gegenstand verloren, sondern gleich der gesamte Spielcharakter.*

Betrügen und Abzocken bei eBay

Die dreisten Tricks der eBay-Betrüger

Gerade auf eBay tummeln sich die findigsten und kuriosesten Gestalten, die mit nichts anderem beschäftigt zu sein scheinen als mit dem Aushecken irgendwelcher Abzockmethoden. Hier die gängigsten:

Der Identitätsklau

Das Internet ist eine Fundgrube für Identitäten. Viele private Homepages verraten komplette Identitäten einschließlich Postanschrift und Geburtsdatum. Mit den geklauten Daten eröffnen die Betrüger anonym ein eBay-Mitgliedskonto. Zwar prüft die »Schutzgemeinschaft für allgemeine Kreditsicherung« (Schufa) bei jedem Anmeldevorgang die Daten, doch dabei wird lediglich geprüft, ob es eine Person mit diesen Daten tatsächlich gibt. Dieser Onlinecheck dauert nur wenige Sekunden.

Nun erhält der Betrüger eine Bestätigungsemail, mit der er das neu eröffnete eBay-Konto freischalten kann. Sofort kann er das Mitgliedskonto mit der geklauten Identität in vollem Umfang nutzen – etwa für Preistreiberei oder Bewertungsfälschungen. Oder er ersteigert teure

Güter wie Autos oder Notebooks. Die Person, dessen Identität geklaut wurde, ahnt davon nichts.

Nun muss diese Person beweisen, dass sie weder das eBay-Konto eröffnet noch die Waren ersteigert hat. Selbst wenn er bereits ein anderes Konto bei eBay hat, hilft ihm das nichts, denn eBay erlaubt die Anmeldung mehrerer Konten auf dieselbe Identität.

Die eBay-Kontoübernahme

Nach jeder Auktion erhält der Käufer bzw. Verkäufer die E-Mail-Adresse des Gegenübers. Nun versuchen die Betrüger mit spezieller Hacksoftware das private E-Mail-Konto des anderen zu knacken (Brute-Force-Methode) und das Passwort zu ändern. Nun wählt der Betrüger auf der eBay-Webseite die Option »Passwort vergessen«. Per E-Mail bekommt er nun die Möglichkeit, ein neues eBay-Passwort festzulegen. Nun hat er faktisch das Konto übernommen, während sein Opfer noch nichts ahnt. Derweil wird das Konto etwa für Scheinverkäufe missbraucht.

Der Dreiecksbetrug

Der Betrüger »A.« verkauft etwa ein Handy zum Festpreis (»Sofort kaufen«-Option) von 280 Euro an das eBay-Mitglied »B«. Danach ersteigert er das gleiche Gerät, das in einer anderen Auktion zum gleichen Preis angeboten wird, von eBay-Mitglied »C«. Nun gibt der Betrüger dem Käufer »B« die Kontoverbindung des Verkäufers »C«. »B.« zahlt. »C.« erhält das Geld und schickt das Handy dem Betrüger. Der nutzt entweder ein Postfach, klebt seinen Namen nur auf einen verwaisten Briefkasten in einem fremden Haus, oder er lässt das Päckchen in einem Geschäft abgeben, wo er es als vermeintlicher

Nachbar abholt. Das eBay-Mitglied »B« wartet vergeblich auf die Ware. Und: Das Geld ist verloren, denn Verkäufer »C.« hat das Handy vertragsgemäß verschickt und kann deshalb nicht zur Rückzahlung verpflichtet werden.

Sicherheitstipp: Um diesen Betrugsversuch zu vermeiden, sollte man nur auf das Konto überweisen, das den Verkäufer als Inhaber ausweist. Auch bei PayPal sollte ausschließlich die registrierte E-Mail-Adresse des Verkäufers für den Geldtransfer verwendet werden.

Geld scheffeln mit Abmahnungen

Einfallsreiche Anwälte haben seit geraumer Zeit die Internetplattform eBay als erkleckliche Einnahmequelle entdeckt. Die Masche: Kaum ein Verkäufer durchschaut im Dickicht der Widerrufsrechte und Lizenzbestimmungen die gänzlich fehlerfreie Formulierung. Und nur wenige Verkäufer wissen, ab wann sie bei eBay als sogenannter Unternehmer firmieren müssen.

Das Landgericht Berlin (103 O 75/06) beispielsweise verurteilte eine Frau, die ihren Haushalt entrümpelte und 93 Gegenstände – darunter viel gebrauchte Kinderkleidung – bei eBay zum Verkauf anbot. Ein findigeranwalt – mittlerweile kursiert für manche schon der Begriff »Abmahn-Anwalt« – ließ der ahnungslosen Dame eine schriftliche Abmahnung zukommen, weil sie als Unternehmerin zu betrachten sei und demgemäß die Käufer auf deren Widerrufsrecht hinweisen müsse.

Eine andere Frau musste 2060 Euro Abmahnungsgebühren an einen Advokaten überweisen, weil sie zehn Kleidungsstücke der Marke Abercrombie & Fitch zum Verkauf angeboten hatte. Der Haken: Abercrombie & Fitch darf nur in Lizenz verkauft werden, was auch das Landgericht Frankfurt so sah und die Abmahnung für rechtens betrachtete.

Verdienen können bei den in Deutschland großzügig verfassten Abmahnungsregeln nicht nur schlaue Juristen, sondern selbstverständlich auch deren Auftraggeber – wenn der auf Abmahnungen konzentrierte Advokat tatsächlich im Auftrag eines Klienten arbeitet. Ein winzig kleiner Verstoß gegen die Handelsregeln genügt, und 500 bis 1.000 Euro Abmahnungskosten liegen im Briefkasten. Der Betroffene darf dann wählen: Unterlassungserklärung unterzeichnen und die Anwaltsgebühren bezahlen oder vor Gericht gehen, wo die Abmahnungen nicht selten abgenickt und mit saftigen Gerichtskosten »aufgewertet« werden.

Dasselbe gilt für Betreiber von Internetseiten. Ein fehlendes Impressum? Abmahnung! Ein winziger Fehler im Haftungsausschluss? Abmahnung! Leicht verdientes Geld für Juristen und das beste Mittel für Unternehmer, lästigen Konkurrenten das Leben schwer, wenn nicht sogar unmöglich zu machen ...

[] **Die Verpackungsgauner** *Unter »Handys ohne Vertrag« wird ein »Motorola V600 OVP« versteigert – es gibt also nicht das Produkt in der Originalverpackung, sondern nur die leere Originalverpackung! Oder es steht in kleiner oder schwer leserlicher Schrift versteckt in einer langen Produktbeschreibung »Sie bieten lediglich auf…« oder »Versteigert wird hier nur« oder ein »Foto von …«*

[] **Der Versandwucher** *Die eBay-Verkäufer erhöhen den Auktionspreis mit überhöhten Versandkosten. Dabei geben sie in der Auktionsbeschreibung keinen oder nur einen versteckten Hinweis auf die Versandkosten. Für den Versand einer Handytasche verlangt der Verkäufer etwa 8,90 Euro. Tatsächliche Kosten der Warensendung: unter zwei Euro.*

[] **Die Mailtricks** *Der Betrüger ersteigert ein teures Produkt (etwa einen Laptop oder ein Handy). Er bittet um den dringenden Versand ins Ausland (etwa Nigeria, Indien, Südafrika etc.). Dafür schlägt der Kunde einen vermeintlichen Treuhandservice vor. Wenig später bestätigt eine Mail des Treuhanddiensts, dass die Zahlung eingegangen ist. (Doch diese Mail ist gefälscht. Tatsächlich ist gar keine Zahlung erfolgt.) Ist der Versand ins Ausland erfolgt, ist das Gerät natürlich für immer verschollen.*

[] **Die Nachnahmefalle** *Der Verkäufer besteht auf Zahlung per Nachnahme. Das sei sicher – man bezahle ja erst, wenn das Paket eintreffe. Der Käufer zahlt an der Haustür beim Paketboten. Doch beim Öffnen des Pakets kommt dann der Schreck: Statt der Ware ist nur Elektroschrott oder Verpackungsmaterial im Paket.*

[] **Die Mängelware** *Der Artikel wird ausführlich über Dutzende von Zeilen beschrieben. Das liest natürlich kein Mensch. Auch nicht, dass ganz am Ende in einem Nebensatz erklärt wird: »mit leichten Schönheitsfehlern« oder »nicht funktionstüchtig«. Verschwiegen wurden diese gravierenden Mängel letztlich nicht – fragt sich nur, wo die Beschreibung zu finden war…*

Im Zweifel hat das Kind geboten ...

Zu diesem Fall gibt es auch ein Gerichtsurteil (LG Bonn, 2 O 472/03). Der Hintergrund: Ein Familienvater hatte einen eBay-Account. Irgendwann erhält er die Nachricht von einem Anbieter, dass er ein BMW M3 Cabrio für 54.900 Euro erworben habe (Startpreis 49.000 Euro). Der Mann gab jedoch an, dass er und seine Gattin zu dem Gebotszeitpunkt nicht zu Hause waren und vermutlich der 11-jährige Sohn unter den Zugangsdaten des Vaters mitgeboten habe. Der Verkäufer forderte Schadensersatz, und das LG Bonn lehnte ab. Die Beweislast für die Gebotsabgabe liegt beim Verkäufer, eine Verletzung der Aufsichtspflicht lag nicht vor – und der kleine Junge ist natürlich nicht geschäftsfähig. Ein wundervolles Urteil für all die Männer, die sich ihre Traumautos ersteigern und danach bei ihren verständnislosen Gattinnen ins offene Messer laufen.

Identitätsbetrug

Dieses Delikt, ob nun Identitätsklau oder -diebstahl genannt, gehört zu den am rasantesten wachsenden Kriminalitätsarten. Haben die Betrüger erst einmal die relevanten Personendaten, kann es schnell unangenehm werden. Zumal es eine weitverbreitete Unsitte ist, die eigenen Kontobewegungen nur sporadisch und äußerst oberflächlich im Auge zu behalten.

Quellen für den Zugang zu persönlichen Daten gibt es viele. Ganz naive Menschen lassen sich am Telefon befragen, andere – die Mehrheit – sind derart profilsüchtig, dass sie alles Wissenswerte zu ihrer Person in XING, Facebook oder ähnlichen Plattformen hinterlegen. Menschen mit eigenen Internetseiten – gerne auch Freiberufler – hinterlassen auch noch ihre Bankverbindungen, sodass für skrupellose Bürger der Großeinkauf auf fremde Kosten nur darauf beruht, dass im Internet ein paar Seiten angeklickt werden.

Die finanziell unbedenkliche, gleichsam harmlosere Methode ist das sogenannte Nicknapping. Menschen treten im Internet mit geklauten Personendaten auf. Beispiele:

[] **Das falsche Xing-Profil** *Peinliche, verächtliche Fake-Profile, die die echten Personen verunglimpfen oder verkünden, dass jemand auf Jobsuche ist, was ihm im derzeitigen Betrieb natürlich schaden würde.*

[] **Das falsche StudiVZ-Profil** *Ähnliche Verunglimpfungen möglich wie bei Xing, überdies nehmen böse Menschen unter falschem Namen an Diskussionsforen teil und machen die beklauten Identitäten darin unmöglich.*

Teuer wird es, wenn Identitätsdiebe unter falschem Namen eBay-Profile eröffnen oder mithilfe der Kreditkartendaten Großeinkäufe starten, die an eine kurzfristig angemietete Billigwohnung gesendet werden. Beim Abschluss des Mietvertrages für eine solche Wohnung musste – das ist die übliche Praxis in Deutschland – kein Ausweis vorgezeigt werden. Die im Internet bestellten Computer, Großbildfernseher und teuren Digitalkameras gehen an die »Interimsadresse«, und wenn die Kreditkartenabrechnung endlich kommt, sind die Betrüger längst »umgezogen«.

No-Pay-TV, gratis telefonieren – und günstiger Strom

Pay-TV – ohne zu bezahlen

Einer illegalen Hackergruppierung ist es mehrfach gelungen, die Verschlüsselung von Pay-TV-Sendern wie Premiere zu knacken. Für viele Pay-TV-Kanäle gibt es deshalb auf dem Schwarzmarkt Decoderkarten zu kaufen. »Super!«, sagt Fußballfan Heinz R. aus Weil am Rhein: »Man bezahlt nur einmalig für die Karte und kann alle Kanäle ansehen – bis der Senderbetreiber die Verschlüsselung ändert. Häufig kann man danach die Karte updaten, sodass man weiterhin alles sehen kann. Diese Karten werden etwa in den einschlägigen Foren zum Thema Pay-TV gehandelt. Häufig treffen sich die Leute zu regionalen Treffen und Stammtischen, die in den Foren bekannt gegeben werden.«
Einschlägige deutsche Foren heißen www.glj.6x.to oder www.paytv-4free.info.

Andere Hackergruppierungen arbeiten mit einem anderen Konzept. Sie nutzen sogenannte Softcams, hier geschieht die Entschlüsselung der Kanäle nicht auf einer separaten Decoderkarte, sondern direkt im Empfänger oder am Computer.

Ein Empfänger, mit dem man derzeit nahezu alle Pay-TV-Programme empfangen kann, heißt Dreambox. Diese Box ist nicht illegal und kann überall gekauft werden (z.B. eBay). In den Foren wird Software angeboten, mit der die Dreambox und andere Receiver Pay-TV entschlüsseln können.

Derzeit sind sehr viele der in Europa empfangbaren Kanäle auf diese Art entschlüsselbar. Im Internet tauschen die illegalen Gruppierungen Anleitungen und Software unter Suchwörtern wie Softcam, Sendername, decode, dekodieren, SoftCam.key.

Gratis Pay-TV über das Internet

Eine weitere illegale Strategie, Pay-TV übers Internet zu sehen, haben Hacker weltweit ausgetüftelt. Es gibt Internetseiten, auf denen man sich fast jedes beliebige Programm live ansehen kann. Allerdings ist in der Regel die Auflösung niedriger als bei direktem Empfang. Internetstreaming eignet sich besonders dann, wenn man Programme ansehen möchte, die man nicht direkt empfangen kann. Bei Fußballspielen ist es empfehlenswert, die Übertragungen bereits zwanzig Minuten vor Spielstart aufzusuchen, da vielen der Streams nur eine maximale Zugriffskapazität zur Verfügung steht.
Der neue Flashplayer Version 10 von Adobe könnte eine weitere Welle an neuen Onlinestreams hervorrufen, denn er kann erstmals Peer-to-Peer-Netzwerke aufbauen.

Suchbegriffe: TV-Streaming, Sendername, online, live, stream
Webseiten: www.myp2p.eu, www.justin.tv, www.coolstreaming.us

Internet-TV ansehen

Eine Übersicht, die alle aktuellen Internet-TV-Programme auflistet, ist unter www.achtung-verboten.com zu finden.

Filme und Serien im Internet

Hier gibt es einige Möglichkeiten:

- *Man nimmt die gewünschte Sendung bei einem der vielen Online-TV-Rekorder auf und lädt sich am nächsten Tag die Datei auf den eigenen Computer.*

- *Man nutzt einen der kostenlosen (legalen) Streaminganbieter, wie z. B. MSN Movies (derzeit gibt es im deutschsprachigen Raum kaum Anbieter für Moviestreaming, dies wird sich mittelfristig jedoch ändern – siehe USA).*

- *Illegale Angebote sind Streamingportale wie kino.to (bzw. moviestream.to) für deutsche Sendungen oder www.watch-movies.net für englischsprachige Sendungen.*

- *Ebenso verboten ist das Herunterladen von Sendungen aus einem P2P-Netzwerk (mininova.org, eztv.it, thepiratebay.org). Suchbegriffe: Moviestream, Streaming, Movies, Stream.*

Programmdownloads im Internet für lau

Der Informatikstudent Mirko F. aus Nordrhein-Westfalen über seine Programmbeschaffung: »Noch immer nutzen viele User verbotene P2P-Netzwerke wie Bittorrent, hier gibt es auf Portalseiten Links zu sehr vielen Programmen und Spielen (mininova.org, thepiratebay.org). Alternativ werden viele Programme und Spiele von sog. File-Hostern, wie etwa rapidshare.com, heruntergeladen. Bei diesen File-Hostern ist es bisher kaum gelangen, die illegalen Downloads zu verfolgen. Das Herunterladen ist außerdem deutlich weniger justiziabel als das Bereitstellen von urheberrechtlich geschützten Werken.«

Suchbegriffe: Programmname, torrent, rapidshare, file-hoster.

Wie illegale Software unentdeckt bleibt

Prinzipiell entdecken Softwareunternehmen Raubkopien nur dann, wenn der Computer auch mit dem Internet verbunden ist. Lässt der Hacker sein Betriebssystem in einer virtuellen Umgebung laufen und weist dieser keine Internetverbindung zu, hat der Hersteller keine Möglichkeit, auf illegale Nutzung zu schließen. Bekannte Anbieter heißen VMWare, Xen oder Parallels.

Hacker telefonieren kostenlos

Elektroniktüftler Mladen V. beschreibt, wie er günstig telefoniert: »Anfang der Siebzigerjahre wurde in den USA das sogenannte Phreaking bekannt. Hierbei versucht man, durch Anwahl einer (meist kostenlosen) Nummer die Kontrolle über das Telefonsystem des Anschlusses zu übernehmen. Ist dies gelungen, kann man über diese Telefonanlage kostenlos telefonieren. Dieses Vorgehen ist illegal.

Um legal über Handy telefonieren zu können, benötigt man einen Handytarif, der es erlaubt, eine Festnetznummer kostenlos anzurufen (diese meist kostengünstige Option für eine einzelne Festnetznummer bieten mehrere Telefonanbieter an), und einen ISDN-Anschluss mit Flatrate. Nun wird an diesem Anschluss eine Telefonanlage installiert, die Call-through erlaubt: Man ruft kostenlos diese Nummer an, die Telefonanlage nimmt das Gespräch entgegen und stellt gleichzeitig auf der zweiten Telefonleitung eine Amtsverbindung her. Nun kann man vom Handy aus kostenfrei ins Festnetz telefonieren.

Für beliebige Verbindungen ins Handynetz besteht keine legale Möglichkeit. Um ins Ausland kostenfrei zu telefonieren, benötigt man eine VoIP-fähige Telefonanlage mit Call-through und eine VoIP-Flatrate für die Zielländer. Besteht die Option, Gespräche komplett auf VoIP zu verlagern (z.B. über Skype), so fallen hier grundsätzlich keine Kosten an.«

Kostenlos SMS verschicken

Im Internet gibt es viele Anbieter, die kostenlose SMS anbieten. Hat man ein sehr hohes SMS-Aufkommen, kann es sich lohnen, wenn man im Internet SMS für jeweils ca. 5 Cent kauft und dann am Handy über Internet (GPRS, UMTS) versendet.

Free-SMS-Anbieter	Freischaltung	SMS pro Tag kostenlos	Maximale Zeichenanzahl	Werbeanhang	Bemerkungen
5vor12.de	stündlich nach dem Zufallsprinzip	1	140	nein	Stundenkontingent von 1000 bis 2000 Free SMS, Absendernummer kann übermittelt werden
free-sms-verschicken.de	alle 10 Min. von 10.50 bis 23.50 Uhr	1	160	ja	Tageskontingent von ca. 1000 Free SMS, Kontingente schnell erschöpft
free-sms-world.de	alle 30 Min.	2 pro IP-Adresse	140	ja	Tageskontingent von 1500 Free SMS, Versand nach D, AT, CH, es können SMS inkl. Absenderkennung verschickt werden, Kontingente sehr schnell erschöpft
hammer-page.de	einmal täglich von 0 bis 24 Uhr	1	140	ja	Tageskontingent ab 1000 Free SMS, Mitteilung über erschöpftes Kontingent erst nach der Eingabe, im Test sehr schnell
maxzahlt.de	rund um die Uhr	3	140	ja	Tageskontingent an Free SMS in unbekannter Höhe, Versand unkompliziert und schnell, es kann nur eine SMS am Tag an dieselbe Rufnummer versendet werden

meta-crawler.de	rund um die Uhr	3	135	ja	Tageskontingent in unbekannter Höhe, es kann nur eine SMS pro Stunde versendet werden
planet-ali.de	rund um die Uhr	ca. 5 pro IP-Adresse	160	nein	Tageskontingent von ca. 50.000 Free SMS, im Test schnell und zuverlässig
smsbar.de	ab 9 Uhr, bis das Kontingent verbraucht ist	1	160	ja	Tageskontingent von 1500 Free SMS, im Test sehr schnell
smsbilliger.de	alle 10 Min. von 10 bis 23.48 Uhr	2	160	ja	Tageskontingent von 750 bis 1250 Free SMS, Kontingente sehr schnell erschöpft
smsgott.de	rund um die Uhr	5	147	ja	Tageskontingent von 10.000 Free SMS, im Test sehr schnell
smsparadies.tk	rund um die Uhr	5	145	nein	Tageskontingent von 20.000 Free SMS, im Test sehr schnell, es können maximal zwei SMS an die gleiche Nummer versendet werden
sms.cheabit.com	alle 10 Min. rund um die Uhr	2	130	ja	Tageskontingent zwischen 800 und 1200 Free SMS, zahlreiche Klicks durch Werbeseiten zum Eingabefeld, komplizierte Versandroutine, einige ausländische Netze, Mitteilung über erschöpftes Kontingent erst nach der Eingabe

sms-heaven.de	rund um die Uhr	2	160	nein	Tageskontingent von 5000 Free SMS
talk4all.de	stündlich von 8 bis 24 Uhr	2	100	ja	Tageskontingent von 5000 Free SMS, Stundenlimit von 417 Free SMS
your-sms.com	stündlich rund um die Uhr	2	130	ja	Stundenkontingent von 50 bis 100 Free SMS
Stand: 20.03.2009 *Quelle:* Teltarif.de					

Wie Hacker die Pay-TV-Kanäle im Hotel knacken

Die Computerfreaks haben ihren Laptop mit einem analogen oder hybriden USB-TV-Stick und einem längeren Antennenkabel mit der Antennendose verbunden. Die Chancen stehen gut, dass nach einem Sendersuchlauf mehr Programme zur Verfügung stehen, als man am Fernseher sehen könnte.
Ein bekannter Hacker zeigte in einem spektakulären Video, wie er mit seinem Laptop Zugriff auf das komplette Hotelnetzwerk erlangte. Dabei nutzte er einen Infrarotsender, den er mit seinem Laptop steuert, um den Fernseher zu manipulieren.

Dieses spektakuläre Video steht unter www.achtung-verboten.com zum Download.

Fremde WLAN-Netze knacken

Mirko F., Informatikstudent aus Nordrhein-Westfalen, erklärt: »Oftmals findet man WLAN-Netze ohne Verschlüsselung – hier kann man sich einfach verbinden und kostenlos surfen. WLAN-Netze mit WEP-Verschlüsselung sind relativ schnell mit der ›aircrack‹-Programmsammlung zu knacken. Mittlerweile gibt es diese Programme auch für Smartphones wie das iPhone. Die Zeit, eine WEP-Verschlüsselung zu knacken, beträgt dabei unter zwei Minuten.«

Für WPA-Verschlüsselung gibt es erst Proof-of-concept-Attacken, die die Rechenpower moderner Grafikkarten ausnutzen. WPA2-Verschlüsselung kann, bei nicht zu erratendem Passwort, mit einem Tool von ElcomSoft geknackt werden. Es handelt sich um eine Brute-Force-Methode, für die bereits einige wenige mitgeschnittene Pakete des WLAN-Funkverkehrs reichen.

Ein eventuell vorhandener Mac-Adress-Filter kann leicht getäuscht werden, da in jedem modernen Betriebssystem die Mac-Adresse der Netzwerkkarte geändert werden kann. Für Windows-Nutzer ist dazu lediglich ein Eintrag in der Registry notwendig.

Den Passwortzugang im Hotel knacken

Da es sich hierbei nicht um einen Schutz des WLANs, sondern um eine Zugangsauthentifizierung handelt, gibt es keinen bekannten Weg, um das Passwort zu knacken. Jedoch besteht die Möglichkeit, bei jemand anderem »mitzusurfen«. Mithilfe des Programms »Wireshark« kann die Kommunikation eines anderen Hotspot-Benutzers abgehört werden. Benutzt man seine Verbindungsparameter und trägt man gleichzeitig Sorge, dass seine Verbindung zurückgesetzt bzw. umgeleitet wird, kann man auf seine Kosten surfen.

Benötigt werden das Programm »Wireshark« und eine Anleitung, wie man seine Mac-Adresse verändert (mehr dazu auf www.achtung-verboten.com).

Computerfreak Detlev G. erklärt: »Es besteht prinzipiell die Möglichkeit, eine Lücke in der Firewall auszunutzen. Allerdings gibt es dafür keine vorgefertigte Lösung. Man kann sich im Internet einen Root-Server mieten und installiert darauf die Software ›nstx‹. Ferner ändert man den DNS-Eintrag einer Domain so, dass alle Anfragen auf den eigenen Server umgeleitet werden. Das Prinzip lässt sich ungefähr so erläutern: Angenommen, Sie sitzen im Gefängnis und wollen eine Zeitung lesen. Aber Sie bekommen keine Zeitung in den Knast hinein. Dann stellen Sie sich in den Hof und brüllen über die Mauer. Eine technische Anleitung gibt es unter http://thomer.com/howtos/nstx.html.«

Die Bluetooth-Attacke

Von dieser Art Angriff sind meistens Headsets betroffen. Der Angreifer kann nun jedes Wort mithören und sogar dem Opfer ins Ohr flüstern. Sollte ein Mobiltelefon davon betroffen sein, kann man darüber Verbindungen aufbauen und auf fremde Kosten telefonieren. Da Bluetooth ein relativ schwaches Funksignal aussendet, muss sich der Lauscher jedoch entweder nah am Opfer aufhalten, oder man benötigt eine Richtantenne. Der aktuelle Stand der Bluetooth-Sniffing-Technologie wird unter www.achtung-verboten.com dargestellt.

Fremde DECT-Funktelefone abhören

Forscher der TU Darmstadt fanden im Dezember 2008 heraus, dass viele DECT-Funktelefone die vorgesehene Verschlüsselung gar nicht benutzen oder dazu gebracht werden können, auf die Verschlüsselung des Gesprächs zu verzichten. Mithilfe einer sogenannten Com-On-Air-Karte ist es ihnen gelungen, DECT-Telefonate abzuhören sowie auf fremde Kosten zu telefonieren. Die benötigte Software wurde unter dedected.org zur Verfügung gestellt. In Deutschland kann der Versuch, Telefongespräche unerlaubt mitzuhören, mit bis zu fünf Jahren Gefängnis bestraft werden.

RFID-Karte klonen

Je nach Hersteller/Modell lassen sich RFID-Karten klonen – das heißt eine zweite Karte erstellen, die sich exakt wie die erste Karte verhält. Auf http://www.cq.cx/index.pl wird beschrieben, wie man beim Klonen von RFID-Karten vorgeht.

Würmer und Viren für Handys

Derzeit gibt es nur vier bekannte Viren für Handys/Smartphones, die sich verbreitet haben:
Derzeit gibt es keine bekannten Viren/Würmer/Trojaner, die auf Mobiltelefonen eine große Verbreitung erreicht haben. Eventuell ändert sich das, wenn die Smartphones eine große Verbreitung finden.

[] **Cabir** *infiziert Handys mit dem Betriebssystem »Symbian OS«. Wird ein infiziertes Gerät eingeschaltet, erscheint die Nachricht »Caribe« auf dem Bildschirm. Er versucht sich mittels Bluetooth weiterzuverbreiten.*

[] **Duts** *ein Virus für die »Pocket PC« Systeme*

[] **Skulls** *Dieser Trojaner verändert alle Symbole auf dem Bildschirm zu Totenkopfschädeln. Das Handy ist danach praktisch unbenutzbar.*

[] **Commwarrior** *Das erste Virus, das MMS als Verbreitungsweg nutzt, es kann sich aber ebenfalls über Bluetooth weiterverbreiten. Allerdings nur auf Smartphones mit »Symbian OS« Series 60.*

Kreditkarten duplizieren

Kreditkarten zu kopieren ist relativ einfach, da lediglich die Daten auf dem Magnetstreifen kopiert werden müssen. In Zukunft könnte es sogar noch einfacher werden, da viele Kreditkartenherausgeber auf RFID-Technik setzen. Mit einem geeigneten Lesegerät und einer speziellen Software ist es Hackern bereits gelungen, aus ca. einem Meter Entfernung die Kreditkartendaten von Kunden auszuspähen. Die Kunden haben von diesem Angriff nichts bemerkt. Mit entsprechender Technik ist es denkbar, dass die Kartendaten auch aus noch größerer Entfernung ausgespäht werden können.

Der gläserne Mailaccount des Arbeitskollegen

Lars M., Maschinenbauingenieur aus Kassel, über das Knacken des Mailaccounts seiner Kollegen: »Dies ist meistens nicht ohne Weiteres möglich, da beim Mailempfang ein Passwort verlangt wird. Jedoch wird dieses Passwort oftmals unverschlüsselt übertragen – ein Belauschen des Netzwerkverkehrs kann das Passwort zutage fördern. Das benötigte Programm heißt Wireshark und protokolliert sämtliche Netzwerkaktivitäten mit.«

Mehr dazu unter www.achtung-verboten.com

Unter falschem Namen Mails verschicken

Der Schüler Florian P. aus der Nähe von Mainz über sein Postgebahren im World Wide Web: »Es ist sehr gut möglich, unter falschem Namen Mails zu verschicken, da der Mailserver lediglich die Syntax überprüft. Allerdings wird immer die IP-Adresse des Absenders mitgeschickt. Somit lassen sich E-Mails nachverfolgen. Häufig kann man jedoch nicht gefälschte Mailadressen an diejenigen Empfänger senden, deren Adresse gefälscht wurde. Normalerweise ist ein Versand unter falschem Namen nur möglich, wenn man sich direkt mit dem Mailserver des Empfängers verbindet, da der Mailserver des eigenen Providers keine E-Mails mit unbekanntem Absender akzeptiert. Die Änderung der Adresse erfolgt im E-Mail-Programm unter Kontoeinstellungen.«

Satellitenschüssel tunen für noch mehr Programme

Mit einem gewöhnlichen Spiegel kann man meistens problemlos die Programme von zwei Satelliten empfangen. Hierzu benötigt man lediglich eine Twin-LNB-Halterung. Man sollte aber beachten, dass das Ausrichten des Spiegels dadurch deutlich schwieriger wird. Weitere Programme kann man nur noch mit Spezialspiegeln empfangen.

Den Stromzähler tunen

Der pensionierte Elektriker Fritz F. aus Wolfsburg hat für sich einen Weg gefunden, seine Nebenkosten in Grenzen zu halten: »Im Stromzähler bewegt sich eine Aluminiumscheibe. Bringt man einen sehr starken Magneten geschickt an, werden wegen der Drehung Wirbelströme in der Scheibe erzeugt, welche ein Magnetfeld erzeugen, das seinem Ursprung entgegenwirkt – die Scheibe wird gebremst. Dasselbe Prinzip wird auch bei den berührungslosen Bremsen moderner Schnellzüge (z. B. beim ICE) eingesetzt. Problematisch ist die Positionierung des Magneten. In meinem Fall sitzt er wenige Millimeter direkt über der Scheibe. Befindet er sich direkt vor der Scheibe (also auf gleicher Höhe), so hat das Magnetfeld keinen Einfluss.«

Die Diebstahlwarner in Kaufhäusern überlisten

»Berufs«-Ladendieb Achim K. über seine Erfahrungen in Kaufhäusern: »Da die meisten Diebstahlwarner in Kaufhäusern auf RFID-Technik basieren, reicht es aus, das Funksignal entsprechend abzudämpfen. Befindet sich der Artikel in einem Faraday'schen Käfig, so kann die Diebstahlwarnanlage nicht anschlagen. Allerdings ist es relativ kompliziert, einen perfekten Faraday'schen Käfig herzustellen. Theoretisch sollte ein Mikrowellenofen Handystrahlung komplett absorbieren. Aber legen Sie ein Handy in die Mikrowelle (ohne diese einzuschalten!), und rufen Sie Ihr Handy an – in den meisten Fällen wird es trotzdem klingeln.«

Den Skipassautomaten täuschen

Snowboarder Moritz R. aus Wuppertal verrät, wie er die Kosten für sein Hobby tief hält: »Hacker aus den Niederlanden haben im Juni 2008 eine RFID-Karte mit Mifare-Chip geklont. Wenn das Skipasssystem auf demselben Prinzip beruht, kann dieselbe Technik angewendet werden, um eine Karte zu klonen.«

Zu finden ist das unter: http://blog.wired.com/cars/2008/06/hackers-crack-l.html.

Über das Internet auf einen fremden Rechner zugreifen

Computerfreak Horst K. aus Meppen berichtet: »Man installiert auf dem fremden Rechner einen Trojaner – und über diesen Trojaner kann man fortan auf das System zugreifen (die bekanntesten sind ›Back Orifice‹ und ›SubSeven‹). Soll der Zugriff nur einmalig und vor Ort erfolgen, und man besitzt keinen Passwortzugriff, so kann man das fremde System mit einer Live-CD (z.B. Ubuntu) booten und dann auf die Daten zugreifen.«

Telefonbetrug und Abo-Fallen

Die Tricks der Telefonbetrüger

Abzocker-SMS

»Hi. Lange nicht gesehen. Wollen wir uns mal wieder treffen? Melde Dich. Christian«. So oder ähnlich lauten SMS, die dem User eine Bekanntschaft vorgaukeln und zum Zurückschreiben animieren sollen.
Die Falle: Wer antwortet, bezahlt unfreiwillig.
Die Durchführung ist einfach: Die SMS werden von günstigen Massenversandanbietern verschickt. Google-Suche: Massenversand SMS. Die angezeigte Nummer ist eine teure SMS-Premium-Nummer. Bis 4,99 Euro pro SMS möglich, etwa bei www.skytel.de.
Auch ein Rückruf ist kostenpflichtig. Bei bis zu 1,99 Euro müssen die Servicenummern nicht ausgewiesen werden. Im Zweifelsfall sind für den Rückruf also 1,99 Euro fällig.
Aber Achtung: Laut Gesetz muss der Anrufer von kostenpflichtigen Hotlines am Anfang kostenlos über den Preis informiert werden. Erst nach drei Sekunden Bedenkzeit darf das Gespräch berechnet werden. Bei Problemen sofort die Bundesnetzagentur informieren! Sie kann die Abzocknummer abschalten lassen. Kontakt 030/224 80-500 oder im Internet: www.bundesnetzagentur.de

Gefakte Gewinnbenachrichtigungen

»Sie haben gewonnen. 5000 Euro liegen für Sie bereit. Bitte kontaktieren Sie uns sofort.« Wer bei der 0900-Nummer anruft, wird möglichst lange in der Warteschleife gehalten.

Flirtfake

Den Handybesitzern wird Interesse an persönlichen Kontakten vorgegaukelt. Doch es sind bezahlte Chatter, die sich als Frauen ausgeben. Sie wickeln die Betroffenen so geschickt um den Finger, dass diese immer wieder antworten. An teure Premium-SMS-Nummern. Dabei stellen sie oft Fragen wie: »Wie heißt Du?« – »Was würdest Du jetzt gerne mit mir machen?«

Der MMS-Trick

»Sie haben eine MMS erhalten. Zum Abruf schicken Sie bitte SMS an…« Der Hintergrund: Gerade ältere Personen wissen immer noch nicht, dass MMS-Dienste nicht abgerufen werden müssen.

Der Vorwahltrick

Durch Hinzufügen der Vorwahl für Deutschland und eine untypische Gruppierung wird die Premium-Dienst-Nummer »0137« vertuscht: »004-913-7293784«.

Die Abo-Falle

Die Kunden schließen unfreiwillig ein Abo ab und verpflichten sich, monatelang ein Kontingent teurer SMS-Dienste zu nutzen.

Die Mega-Abzocke

0900-Service-Nummern können bis zu 30 Euro kosten. Bei 0137-Num-mern werden bis zu 2,50 Euro, bei 0088-Vorwahlen bis zu 5 Euro fällig.

Der Call-by-Call-Trick

Call-by-Call-Anbieter (ohne Tarifansage) bieten einen sehr kostengünstigen Tarif. Doch dann erhöhen sie unvermindert den Preis um ein Vielfaches. Als Kunde den Tarif unbedingt vor jedem Anruf bei einem Tarifvergleich (www.billiger-telefonieren.de) checken.

Gier kostet Geld

Geld lässt sich im Internet mit allen Angeboten verdienen, bei denen die Leute glauben, sie könnten mit wenig oder keinem Aufwand viel Geld verdienen.

Kunden für Verkäufer

Wer in einer Kleinanzeige seine Handynummer angibt, erhält eine SMS mit folgendem Text: »Ich habe Ihre Anzeige gelesen. Ich würde gerne Ihr xy kaufen. Bitte rufen Sie mich an unter 0900xxxxxxx«.

Typische Betrügereien sind:

- [] **Komplizen für Banküberweisungen** *Internetbetrüger suchen deutsche Bankkonten, über die sie ihr illegal abgezocktes Geld ins Ausland transferieren. Wer mitmacht, kriegt großen Ärger mit der deutschen Justiz.*

- [] **Ungewöhnliche Nebenjobs** *Es klingt verlockend: Sextester, Testfahrer, Samenspender, Hoteltester. Die Traumjobs sind gut bezahlt. Man muss sich nur bei einer 0900-Nummer bewerben …*

- [] **Einträge in irgendwelche Karteien** *Karteien sind geduldig. Besonders wenn es unseriöse Anbieter sind, die eine Gebühr für den Eintrag verlangen. Seriöse Modelagenturen sind im Verband lizensierter Modelagenturen.*

- [] **Urlaubsschnäppchen** *Günstige oder gar kostenlose Hotelübernachtungen. Doch es gibt einen Haken: Im Kleingedruckten steht, dass die (überteuerte) Halbpension obligatorisch dazugebucht werden muss. So kosten die wenig attraktiven Hotels häufig kaum weniger als herkömmliche Hotels.*

- [] **Green-Card-Verlosung** *Sämtliche kostenpflichtige Vermittler sind Gauner. Die Greencards werden kostenlos von der US-Regierung verlost.*

- [] **Erbvermittler** *»Sie gehören zum Kreis der Begünstigten eines entfernten Verwandten. Bitte melden Sie sich beim Nachlassverwalter unter 010330900xxxxxx. (Die 01033 ist die Vorwahl der Deutschen Telekom und soll nur die 0900-Nummer verschleiern.)*

Klassische Betrügereien

Zahlen mit thailändischen Baht-Münzen

Das hatten sich die Macher des Euro so nicht vorgestellt. Auf alles hatte man geachtet – schwer zu fälschen, aufwendige Materialmischungen, und dann kommen schlaue Thailandtouristen wie Marco T. aus Plauen mit einem Sack voller 10-Baht-Münzen aus dem Urlaub zurück und bringen das europäische Währungssystem ins Wanken. Zumindest ein bisschen. Umgerechnet ist die 10-Baht-Münze gerade einmal 22 Cent wert – auf den ersten Blick allerdings sieht sie dem 2-Euro-Stück zum Verwechseln ähnlich. »In den ersten Jahren funktionierte die Baht-Methode noch an Zigaretten- und Fahrkartenautomaten«, verrät Marco T., »mittlerweile haben die Betreiber jedoch reagiert und die Automaten feiner eingestellt.« Was den Mann aus Plauen nicht daran hindert, weiterhin die thailändische Währung unter das europäische Volk zu bringen.

»Mal mische ich beim Einkauf ein oder zwei Münzen unter, oder ich bezahle abends mal das eine oder andere Bier mit der Thai-Währung.« Für Nachschub sorgt der Mann selbst. Aus seinem jährlichen Thailandurlaub, den er mittlerweile zu einem Großteil über seine Währungsspielchen finanziert, bringt er immer einen Sack voll mit. Den

Rest besorgt er sich über das Internetportal eBay, wo die Münzen in großen Stückzahlen angeboten werden. »Für jede Baht-Münze, die ich einsetze, lege ich zwei Euro in mein Sparschwein«, sagt Marco T., »den Flug nach Bangkok bekomme ich so mittlerweile immer raus.« Würde T. jemals bei seiner Währungsschummelei erwischt werden, würde man ihn strafrechtlich verfolgen. Weil das Zahlen mit thailändischem Geld in Deutschland selbstverständlich verboten ist!

Dreiste Abzockmethoden von Aktienganoven

Finanzbetrüger nutzen zunehmend Message-Boards und Newsgroups: Sie kaufen Aktien kleinerer Unternehmen und verbreiten anschließend online Falschmeldungen über steigende Gewinne oder bevorstehende Übernahmen. Ziehen die Kurse daraufhin an, verkaufen sie ihre Papiere mit hohen Gewinnen. Doch dann stürzen die Papiere wieder ab. Wer auf das Onlinegerücht hereingefallen ist, muss mit großen Verlusten rechnen.

Besonders clevere Finanzgauner bieten sogar den Link zu einer vermeintlichen Nachricht eines angesehenen Börsendienstes wie Bloomberg. Dort finden die Anleger die Nachricht scheinbar bestätigt. Doch die Bloomberg-Seite ist gefälscht. (Sie steht beispielsweise auf einer gefakten URL wie www.blooomberg.de.)

Kostenlose Briefsendungen

Sendungen an Blinde sind portofrei. Die Deutsche Post bietet zur Unterstützung von Blinden einen kostenlosen Spezialversand. Alle an Sehbehinderte adressierten Nachrichten sowie Hörbücher auf Kassette können zum Nulltarif verschickt werden. Blindensendungen können von jedermann versandt werden, der Umschlag darf dabei nicht verschlossen sein und muss oberhalb der Adresse den Vermerk »Blindensendung« tragen.

Die klassischen Tricks der Hütchenspieler

Bei Hütchenspielen gibt es nur einen Gewinner: derjenigen, der die kleinen »Hüte« in Bruchteilen von Sekunden hin und her bewegt und die umstehenden Zocker dazu animiert, ihr Geld bei diesem Spielchen zu verzocken.

Die Grundausstattung

Drei kleine Becher oder drei Streichholzschachteln und eine Kugel aus Stanniolpapier.

Die Spielregeln

Der Spieler platziert die kleine Kugel unter einem der drei Behältnisse und schiebt die Becher oder Schachteln ganz geschickt blitzschnell hin und her. Die Zuschauer verfolgen die »Schiebung« und setzen am Ende auf den Becher ihr Geld, unter dem sie das Kügelchen vermuten.

Die Gewinnchancen

Null Komma null. Die meisten Zuschauer glauben, den schnellen Bewegungen folgen zu können, und setzen aus diesem Grund immer und immer wieder ihr Geld. Wenn ein Zuschauer doch einmal Geld gewinnen sollte, darf mit 100-prozentiger Sicherheit davon ausgegangen werden, dass der glückliche Sieger ein »Geschäftspartner« des Spielers ist. Allgemein muss davon ausgegangen werden, dass ein Hütchenspieler mit bis zu vier Partnern operiert, die die ahnungslosen Zuschauer auf falsche Fährten locken.

Der Appetizer

Der Spieler verschiebt die Hütchen und zeigt in einem Zwischenstadium noch einmal, wo die Kugel sich gerade befindet. Wenn nun der als Zuschauer getarnte Partner nach seinem Geld kramt, vertauscht der Spieler rasch die Hütchen. Alle Zuschauer bekommen dies mit, nur nicht der geheime Partner. Der setzt dann auf das falsche Hütchen, verliert selbstverständlich, und alle anderen Zuschauer reiben sich die Hände: »Nicht mit mir!«, denken diese, fühlen sich sicher, weil sie ja nun den »Trick« kapiert haben, und sind fortan in dem Spiel gefangen.

O.k., einmal verloren

Die Hütchen werden langsam, für jeden nachvollziehbar, verschoben. Jeder weiß ganz genau, unter welcher Schachtel sich die Kugel gerade befindet. Der Spieler dreht sich nun zu einem Zuschauer hin und dreht seinen Partnern – und dem Opfer – den Rücken zu. Einer der Zuschauer (selbstverständlich ein Partner!) hebt kurz das Hütchen hoch, unter dem sich die Kugel tatsächlich befindet. Das Opfer wird spätestens jetzt garantiert sein Geld setzen. Der Spieler dreht sich wieder um und fragt, auf welches Hütchen das Opfer denn nun setzen möchte. Dabei verschiebt er die Schächtelchen noch mal ein bisschen nach vorne oder hinten, hebt es allerdings ein wenig an, sodass die Kugel zwischen die Finger des Spielers wandert. Das Opfer hat »seine« Gewinnerschachtel natürlich immer noch genau im Auge und bemerkt nicht, dass die Kugel längst wieder unter ein anderes Schächtelchen »gezaubert« wurde. Und? Leider verloren! Mist! Beim nächsten Mal klappt es aber!

Die Rückversicherung

Der Spieler wird im folgenden Durchgang mit einem seiner Partner zocken, der selbstredend gewinnt. Das Opfer glaubt also erneut, er könne bei diesem Spaß etwas holen, und macht weiter. Gleichzeitig hat der Hütchenspieler seinen Gewinn abgesichert, indem dieser an einen seiner Partner geht.

Und wieder Pech

Nun wird sich der Spieler wieder seinem Opfer zuwenden, schließlich weiß das Opfer nun ja, wie der Hase läuft. Die Hütchen werden erneut nachvollziehbar langsam verschoben und die Kugel noch einmal kurz gezeigt. Beim nächsten Verschieben verschwindet das Kügelchen aber leider unter den vom Spieler gehaltenen Geldscheinen – alle drei Schächtelchen sind jetzt leer! Das Opfer hat seine 50 oder 100 Euro nun todsicher gesetzt. Das Opfer darf die kleine Schachtel selbst anheben – nichts! Während das enttäuschte und verblüffte Opfer noch kurz, starr vor Überraschung, grübelt, wandert die Kugel geschickt unter eines der beiden verbliebenen Hütchen. Jetzt aber! Beim nächsten Mal wird gewonnen!

Das gibt's doch nicht

Die Schachteln werden wieder hin und her geschoben. Erneut wandert die Kugel geschickt unter Daumen und Mittelfinger der Hand mit den hingehaltenen Geldscheinen. Ein als Zuschauer getarnter Partner wird nun zwei leere Schächtelchen hochziehen. Klar, die Kugel muss unter dem dritten Hut sein. 100 Euro darauf gesetzt! Oder gleich 200? Das kurze, langsame Geschiebe jetzt – geschenkt! Klar, wie die Sache ausgehen wird …

Die ganz sichere Sache

Der Spieler wird sich in der folgenden Runde wieder einem seiner Partner zuwenden und nicht mitbekommen, dass hinter seinem Rücken ein weiterer getarnter Geschäftsfreund »heimlich« das Schächtelchen anhebt, unter dem die Kugel liegt. Das Hütchenopfer bekommt das natürlich auch mit, merkt aber nicht, dass der andere Zuschauer bei dieser Aktion die Kugel verschwinden lässt. 200 Euro auf das Hütchen, unter welches klammheimlich geschaut wurde, und: Verloren! Nix da. Keine Kugel! Die wird in bewährter Manier erst nachträglich wieder eingeschmuggelt – das Geld ist futsch!

Der Todesstoß

Einer der Partner gewinnt im nun folgenden Spiel das Geld, welches das Opfer eben verloren hat. Also muss doch alles mit rechten Dingen zugehen … Der Spieler fordert nun einen deutlich höheren Einsatz als zuvor. So viel Geld hat das Opfer leider nicht mehr, schließlich ging in den vergangenen Minuten schon viel verloren. Ein Mitspieler (natürlich ein Partner!) wird jetzt den Vorschlag machen, doch gemeinsam gegen den Spieler antreten zu dürfen. Er willigt missmutig ein, die Hütchen werden erneut verschoben und die Kugel auf eine der beschriebenen Methoden beseitigt. Das Opfer darf selbstverständlich die Schachtel anheben, unter der die Kugel zu 1000 Prozent liegt. Der große Knall! Falsch! Das Geld ist weg, und der vermeintliche Mitspieler wird nun dem Opfer – diesem Vollversager – schlimmste Vorwürfe machen, schließlich hat das Opfer das Geld von zwei Spielern verballert. Es wird laut, und das Opfer wird maßlos enttäuscht den Ort des Geschehens verlassen.

Die Bilanz

Die Polizei und Justiz ist von Hütchenspielen naturgemäß nicht begeistert und kann auf jeden Fall einen Platzverweis anordnen. In der Regel aber folgt eine Anzeige wegen Betruges. Noch weniger begeistert sind die Opfer der Hütchenspieler. Sie verlieren alles. Der versierte Hütchenspieler und seine Freunde indes machen mit ihrer kleinen Fingerfertigkeit an guten Tagen mehrere tausend Euro. Brutto. Also netto.

Analoge Betrugstricks – der Pakettrick

Im Briefkasten liegt eine Benachrichtigungskarte über den Zustellversuch eines Pakets. In der Aufmachung ähneln die Karten den Karten der großen Paketdienste, entstammen jedoch einer bislang unbekannten, kleinen Paketfirma.

PDS
16 Orchester Square
England C19 7YZ
Tradenumber 475565904

Alles sieht sehr amtlich aus, der Absendername ist unleserlich per Hand eingetragen. Zur Kontaktaufnahme für die Terminabsprache sollen die Kunden anrufen unter 01908/xxxxxxx (1,99 Euro pro Minute). Da hängen sie minutenlang in der Warteschleife, bis sie irgendwann entnervt auflegen. Ein echtes Paket existiert natürlich nicht.

Darf ich mal telefonieren und so 15 Euro verdienen?

Trickser fragen in der Fußgängerzone andere Passanten, ob sie einen einzigen Anruf tätigen können. Sie hätten ihr Handy vergessen und müssten der Kindertagesstätte mitteilen, dass sie ihr Kind nicht abholen können. Oder eine ähnliche Geschichte. Dabei rufen sie ihre eigene 0900-Nummer an, die sie bei einem der zahlreichen Nummerndienstleister angemeldet haben. Ein solcher Anruf kann bis zu 30 Euro kosten, die Hälfte davon erhält der Betrüger. Vermutlich ist diese Masche noch nicht einmal illegal, weil der Trickser mit der Zustimmung des Telefonbesitzers telefoniert.

Wege, die Geheimnummer zu erschleichen

Die Betrüger bauen Geräte, die bei Geldautomaten vor dem eigentlichen Kartenschlitz installiert werden. Das Gerät kopiert die Karte und gibt sie nach eingegebener Geheimnummer wieder frei. Die Daten sind ausreichend, um einen Kartenrohling zu erstellen, mit dem etwa in Osteuropa Geld vom betreffenden Konto abgehoben werden kann. Das Tastenfeld wird entweder mit einer Minikamera oder mit einer berührungssensitiven Folie abgetastet. Häufig werden solche Geräte auch an der Tür zur Bank angebracht, also an einem Ort, an dem normalerweise gar keine Pin-Nummer verwendet werden muss.

Noch nie GEZ-ahlt!

Die Gebühr

1300 GEZ-Fahnder sind deutschlandweit unterwegs, um Schwarzseher aufzuspüren und die Gebühren für die »Gebühren-Einzugs-Zentrale« der öffentlich-rechtlichen Sender einzutreiben. 2008 kamen um die 7 Milliarden Euro Gebühren in die Kassen von ARD und ZDF. Die Fahnder werden ausschließlich erfolgsabhängig honoriert und verdienen bis zu 25.000 Euro im Monat. Deshalb arbeiten sie mit raffinierten Tricks:

Der Mythos

Die GEZ besitzt Peilwagen, mit denen sie Fernsehgeräte und Radios aufspüren kann. Quatsch! Ebenso falsch ist, dass die freundlichen GEZ-Mitarbeiter Wohnungen durchsuchen dürfen.

Das Gesetz

»Schwarzsehen« ist eine Ordnungswidrigkeit. Aber nicht der einfache Bürger muss beweisen, dass er kein Rundfunkgerät besitzt, sondern die Beweislast liegt bei der GEZ. Der Nachweis, die GEZ habe falsche

Angaben erhalten, ist für die Einzugszentrale schwierig, wenn nicht sogar unmöglich.

Der Beamtentrick

»Guten Abend, ich bin Beamter von der GEZ« – das ist eine gängige Begrüßungsformel der »freiberuflich tätigen Gebührenbeauftragten«. Sie sind möglicherweise vieles, aber definitiv keine Beamten. Klingt sehr offiziell und Furcht einflößend, ist aber eine eiskalte Lüge.

Der Einschüchterungstrick

Ein ehemaliger Gebührenbeauftragter hat eingeräumt, dass ein polizeiähnliches Auftreten durchaus die Erfolgsquote anheben kann. Eine Grundstrategie der GEZ-Mitarbeiter ist allgemein das Prinzip Einschüchterung!

Der Vertretertrick

Der Fahnder fragt: »Wollen Sie einen Fernseher kaufen?« (Achtung: auch telefonisch möglich). Erhoffte Antwort: »Nein, wir haben schon einen.«

Der Umfragetrick

»Guten Tag, wir machen eine Umfrage: Welche ARD-Sendung sehen Sie am liebsten …?«

Der Mechanikertrick

Der Fahnder klingelt im Blaumann und möchte wissen: »Die Nachbarn haben schlechten Empfang. Wie ist es bei Ihnen?«

Der Abotrick

»Möchten Sie eine TV-Zeitung abonnieren, oder haben Sie schon eine?« Gerne durchforsten GEZ-Fahnder auch die Papiermülltonne im Hof. Findet sich da ein Fernsehmagazin mit Aboadressaufkleber?

Der Ausweistrick

»Kontrolldurchsuchung. Ich bin GEZ-Fahnder, ich muss Ihre Wohnung durchsuchen.« Doch der Ausweis ermächtigt nicht zu einer Hausdurchsuchung. Man muss und sollte den GEZ-Fahnder nicht in die Wohnung lassen.

Der Autotrick

Der »Schwarzhörer« wird dabei ertappt, wie er in sein Auto mit Radio einsteigt. Gebührenverweigerer stellen ihren Wagen selten direkt vor dem Haus oder auf öffentlich gut zugänglichen Parkplätzen ab!

Der Tagesschautrick

»Störe ich gerade bei der Tagesschau?« ist eine äußerst beliebte Frage am Telefon oder vor der Haustür.

Der Anschreibentrick

Etwa 20 Millionen Briefe verschickt die Einzugszentrale pro Jahr. Die Adressen kauft die GEZ nach einer Untersuchung der Stiftung Warentest von privaten Anbietern. Wie auch immer. Die Briefe sind jedoch recyclingfähig!

Der Quizfragentrick

Schwarzseher oder Schwarzhörer, die an öffentlich-rechtlichen Quizfragen teilnehmen, müssen damit rechnen, dass die betreffende Landesrundfunkanstalt die Teilnehmeradressen mit der Gebührenzahlerkartei vergleicht. Aber der Quizteilnehmer hätte ja bei Oma schauen können, die naturgemäß zahlt.

Die Kosten minimieren

Auf die Frage »Wie lange haben Sie das Gerät bereits?« ist die Antwort »Seit gestern!« immer die preiswerteste …

Der Gegenangriff

Unter www.freenet.de wurde folgender Musterbrief ins Netz gestellt, den genervte GEZ-Brief-Opfer per Einschreiben an die Einzugszentrale schicken können:

Sehr geehrte Damen und Herren,

gemäß Bundesdatenschutzgesetz (BDSG) fordere ich Sie auf:

1. Sie haben mir gegenüber unverzüglich offenzulegen, welche Daten außer den oben aufgeführten Adressen Sie über meine durch diesen Namen/diese Adressen identiÞzierte Person gespeichert haben. Gleiches gilt für die Quellen, aus denen sämtliche mich betreffenden Daten stammen (§ 6 Abs. 2, § 28 Abs. 4, § 34 Abs. 1–3 BDSG).

2. Sie haben den Verwendungszweck sämtlicher mich betreffenden Daten ebenfalls unverzüglich mir gegenüber offenzulegen (§ 34 Abs. 1, § 43 Abs. 3 BDSG).

3. Sie haben sämtliche meine Person/meine Adressen betreffenden Daten unverzüglich zu sperren und mir diese Sperrung zu bestätigen (§ 28 Abs. 4, § 30 Abs. 3, § 43 Abs. 3, ferner § 4 Abs. 1 BDSG).

4. Ich untersage Ihnen jegliche zukünftige Speicherung von Daten, die meine Person bzw. meine Adressen betreffen, ohne meine vorherige ausdrückliche schriftliche Genehmigung (§ 28 Abs. 4, § 4 Abs. 1,2 BDSG).

5. Ich untersage Ihnen die Übermittlung dieser Daten an Dritte. Für bereits an Dritte übermittelte Daten fordere ich eine unverzügliche Sperrung (§ 6 Abs. 2, § 28 Abs. 4 BDSG).

6. Ich setze Ihnen zur Erfüllung dieser Forderung eine Frist von zwei Wochen beginnend mit dem Datum dieses Schreibens.

Bitte haben Sie Verständnis dafür, dass ich mich gezwungen sehe, den zuständigen Landesdatenschutzbeauftragten zu informieren, sollten Sie dieses Schreiben ignorieren. Weitere rechtliche Schritte behalte ich mir vor.

Mit freundlichen Grüßen

Max Mustermann

Die miesen Gaunereien der Ladendiebe

Der Status quo

Eine Studie aus dem Jahr 2008 (EHI Retail Institute, Köln) hat ergeben, dass in Deutschland jährlich 30 Millionen Ladendiebstähle unentdeckt bleiben. Dabei addieren sich die Inventurverluste auf rund 4 Milliarden Euro – dem Staat entgehen auf diese Weise etwa 400 Millionen Euro Mehrwertsteuer. Umgerechnet auf die deutsche Bevölkerung, steckt jeder Haushalt pro Jahr unerlaubt Waren im Wert von mehr als 50 Euro in die Tasche. Der Einzelhandel selbst gibt jedes Jahr bis zu 1 Milliarde Euro pro Jahr aus, um Ladendieben das Leben schwer zu machen.

Da immer die anderen klauen, stellt sich die Frage: Wie machen die das? Achim K., ein arbeitsloser Akademiker aus Freiburg im Breisgau, verrät seine langjährig erprobten Strategien beim wöchentlichen »Einklauen«.

[] **Der Grundsatz** »Die meisten Menschen sind zu gierig. Warum eine aufwendig gesicherte Jacke mitnehmen, wenn es die kleinen Dinge des täglichen Bedarfs auch gratis zu haben gibt – meist ohne Diebstahlsicherung! In der Summe spare ich mit Lebensmitteln, Getränken und Badeartikeln mehr Geld, und auf eine Anzeige bin ich nicht scharf. Ergo: Kleinvieh macht sehr viel Mist!«

[] **Der einfältige Versuch** »Die Ware rutscht unbemerkt in die Jacken- oder Manteltasche. Aber: Fliegt oft auf, weil viele Geschäfte mit Kameras überwacht werden und dicke Mäntel im Sommer irgendwie auffällig wirken.«

[] **Der Austausch** »Mit alten Schuhen rein ins Geschäft – mit neuen wieder raus. Oder dasselbe mit der Jacke und der Hose. Das Problem: Für die Diebstahlsicherungen im Textilbereich braucht es auch noch leistungsfähige Magneten – meiner stammt aus einer alten Computerfestplatte. Manche Schuhgeschäfte legen aufgrund ihrer schlechten Erfahrungen nur noch einen Schuh aus. Den zweiten muss dann die Verkäuferin bringen. Bei mehr als fünf Paaren – ich gebe an, unterschiedliche Füße zu haben – verliert sie jedoch den Überblick.«

[] **Das Geschenk** »In Einkaufszentren führe ich – in einer Tüte aus einem der benachbarten Geschäfte – einen präparierten Geschenkkarton mit mir. Das Paket ist mit einer großen Schleife scheinbar fest verschnürt – eine Attrappe, versteht sich. Der Karton lässt sich problemlos öffnen und mit Waren füllen. Beim Betreten des Geschäftes halte ich natürlich die Tüte auf und frage die Verkäuferin, ob ich das ›Geschenk‹ an der Kasse deponieren soll. Was sie selbstverständlich verneint. Der Haken: Das kann man in ein und demselben Geschäft nicht wöchentlich machen.«

[] **Die Handtasche** »Diesen Kniff kenne ich nur vom Hörensagen, weil ich selbst natürlich keine Handtasche trage. Das Täschchen lässt sich am Boden mit einem eingelassenen Reißverschluss öffnen. Die Kundin stellt ihre Tasche auf einer Auslage ab, sucht Handy oder Lippenstift und zieht durch den offenen Boden T-Shirts oder Bücher rein. Probleme: aufwendig in der Herstellung, ansonsten so gut wie keine.«

[] **Die Umverpackung** »Funktioniert gut in größeren Supermärkten oder im Elektrofachhandel. Im Pfefferminzteekarton stecken Zigarettenschachteln, der teure Kopfhörer ist in der Verpackung eines sehr billigen, der teure Brandwein in einem günstigen Erkältungsbadkarton … Die Grundlage: geschickte, flinke Hände und ein Auge für die Überwachungskameras.

[] **Die Vergesslichkeit** »Regulär einkaufen gehen, an der Kasse bezahlen, der Freundin, die draußen wartet, die teuersten Produkte geben, zurück in den Laden – ›ich hab noch was vergessen‹ –, dasselbe noch mal in die Tüte stecken, zur Kasse gehen, den vergessenen Kaugummi bezahlen und im Zweifel – bei einer Kontrolle – den Inhalt der Tüte mit dem Kassenbon vergleichen. Stimmt alles überein? Bestens! Einziger Haken: Du brauchst eine Freundin. Oder einen Komplizen.«

[] **Der geborgte Bon** »Im Grunde dieselbe Masche wie bei der ›Vergesslichkeit‹ – nur ohne Partner. Das Ganze kann man auch mit einem ›geklauten‹ Kassenbon machen, die an Supermarktkassen ohnehin immer herumliegen. Einfach noch mal einkaufen gehen, die Waren, die auf dem Bon stehen, in den Wagen und den vergessenen Kaugummi dazu – fertig. Blöd: wenn man bei dieser Aktion Damenhygieneartikel ›einkaufen‹ muss, weil sie auf dem Kassenzettel stehen.«

[] **Die Reklamation** »Dieses Projekt lohnt sich ganz besonders bei teureren Anschaffungen. Beispiel Bohrmaschine: Das Gerät wird ordentlich für 160 Euro gekauft. Am nächsten Tag geht man mit dem Kassenbon, aber natürlich ohne das Gerät zurück in das Geschäft. Dort nimmt man sich dasselbe Teil noch einmal aus dem Regal, wandert damit zur ›Reklamation‹, legt den Bon vor und sagt, dass das Gerät nicht funktioniert. Der zuvorkommende Angestellte wird das checken, die Maschine läuft – ›vielleicht lag es an der Steckdose?‹ –, und er wird mir die Bohrmaschine mit einem sogenannten ›Freistellungsaufkleber‹ wieder mitgeben. Gerät Nummer zwei geht noch am selben Tag auf eBay!«

[] **Das dreckige Dutzend** »Klarer Fall, die schwere Colakiste kommt im Einkaufswagen auf die Ablagefläche unter dem Korb. Die Kassiererin verlangt selbstverständlich nicht, dass die Kiste aufs Band muss. Deshalb sieht sie auch nicht, dass nur elf Flaschen Cola in der Kiste stecken – die Nummer zwölf ist eine leckere, teure Spirituose. Heikel: wenn die Schnapsflasche einen andersfarbigen Deckel hat!«

[] **Nimm zwei** »Die teure Fachzeitschrift, in die günstige Tageszeitung eingelegt, ist ein Standard aus frühesten Jugendtagen. Probleme: keine!«

[] **Die Kühltasche** »Eine Alukühltasche und zusätzliche Aluminiumauskleidungen in der Tasche oder im Rucksack verhindern in der Regel, dass die Diebstahlwarnanlagen anschlagen. Dumm gelaufen, wenn das System trotzdem losgeht.«

[] **Der Unterschrank** »Einfach mal in die Knie gehen und die Schuhe binden. In den Schubladen und Unterschränken vieler Auslagen sind häufig die ungesicherten Artikel deponiert. Die Vorsichtsmaßnahme: genau hinschauen, ob die Ware wirklich sauber ist.«

[] **Die Fortbildung** »Um auf dem neuesten Stand zu bleiben, lohnt es sich, immer mal wieder auf den natürlichen Feind zu schauen. Was weiß der Ladenbesitzer? Wie schützt sich der Filialleiter? Wie glaubt ein Kaufhausdetektiv, Menschen wie mich zu erkennen? Antworten darauf gibt zum Beispiel eine Broschüre der Industrie- und Handelskammer (IHK) Hannover. 11 Euro, die gut angelegt sind …«

Ladendiebstahl ist zwar in deutschen Gesetzbüchern nicht als eigenständiger Tatbestand festgeschrieben, aber gleichwohl verboten! Ein Ladendieb wird rechtlich als Dieb gewürdigt und wird nach Paragraph 248a (geringwertige Sachen) oder 242 StGB (Diebstahl) zur Rechenschaft gezogen. Am Ende droht eine Geldstrafe oder Freiheitsstrafe von bis zu fünf Jahren. In den meisten Fällen werden die Verfahren – besonders bei Ersttätern – jedoch gegen Zahlung einer Geldbuße eingestellt. Und eines sollte nicht verschwiegen werden: Geschätzte 25 Prozent aller Ladendiebstähle werden durch die Angestellten selbst begangen.

Die verbotene Taschenkontrolle

Was die wenigsten wissen: Angestellte von Supermärkten oder das Kassenpersonal haben kein Recht darauf, die Taschen ihrer Kunden zu kontrollieren. Auch dann nicht, wenn die Ladenbetreiber auf Schildern darauf hinweisen, solche Taschenkontrollen von Fall zu Fall durchführen zu müssen. Ladenbesitzer oder Kaufhausdetektive dürfen ihre Kunden nicht einmal im Verdachtsfall auf gestohlene Waren durchsuchen – sie dürfen verdächtige Kunden nur festhalten. Denn eine Durchsuchung darf nur die Polizei vornehmen! Schwacher Trost für Ladendiebe und zu Unrecht verdächtigte Kunden: Wer dennoch zu einer Taschendurchsuchung gezwungen wurde, darf eine Anzeige wegen Nötigung erstatten. Und darauf stehen nach Paragraph 240 StGB auch bis zu drei Jahre Freiheitsentzug oder eine Geldstrafe.

Umtausch nur mit Kassenzettel?

Innerhalb von zwei Jahren nach dem Kauf eines Produktes darf der Kunde seine Ware umtauschen, wenn sie schadhaft oder defekt ist – oder juristisch »mangelhaft«. Die meisten Menschen haben in der Zwischenzeit jedoch den Kassenbon verlegt oder weggeworfen, sodass die wenigsten es wagen, ohne Beleg zu reklamieren. Nicht selten eröffnet in solchen Fällen der Verkäufer dem enttäuschten Kunden: »Haben Sie den Kassenbeleg? Ohne den können wir leider nichts für Sie tun.«
Falsch! Eine Quittung braucht es nicht. Es genügt eine Zeugenaussage – im Zweifel kann das der Sohn oder die Gattin sein, und schon muss die defekte Ware ersetzt werden. Oder repariert.

Die Maschen der Taschendiebe

Die Taschendiebe benötigen Körpernähe, um an die Geldbörse heranzukommen. Dafür bedienen sie sich folgender Tricks:

- *»versehentliches« Rempeln im Gedränge (U-Bahn, Fußgängerzone, Bus)*
- *»versehentliches« Bekleckern der Kleidung*
- *Anstecken einer Blume*
- *die Bitte, ein Foto zu machen*

Häufig lenkt ein Komplize die Aufmerksamkeit des Opfers auf sich, während der Dieb in Ruhe die Tasche leert. Die Diebe sind häufig sehr jung und suchen meist Frauen als Opfer aus.

Es gibt eine Sportart, die nennt sich Lockpicking. Sie beschäftigt sich damit, Schlösser möglichst schnell und effektiv mit handwerklichen Fähigkeiten zu öffnen.
Es gibt ein äußerst umfangreiches Buch mit detaillierten Anleitungen, wie man jede Tür und jedes Schloss öffnen kann. Dieses Buch kann unter www.achtung-verboten.com heruntergeladen werden.

Absahnen, erschleichen, mauscheln

Die Metro-Karte

Der Großhandelsmarkt Metro richtet sich ausschließlich an Gewerbetreibende, Selbstständige und Freiberufler. Der Vorteil: günstige Preise, besonders bei der Abnahme größerer Mengen. Nicht selten finden sich hier Topangebote für Gastronomen, Hoteliers oder Kantinenbetreiber. Der kleine Mann von der Straße indes soll weiterhin in den normalen, häufig teureren Einkaufsmärkten seine Grundbedürfnisse decken. »Nicht mit mir«, sagt sich der Student Peter F. aus Köln, »schon gar nicht in Krisenzeiten wie diesen.«

Da Peter F. als Studierender natürlich kein eigenes Gewerbe angemeldet hat, kein Café und auch keinen Copyshop betreibt, musste er zu anderen Mitteln greifen. Zunächst einmal überzeugte er einen seiner Freunde, einen freiberuflichen Grafiker, eine Metro-Karte zu beantragen, worüber dieser sich nach dem ersten Kauf auch schon außerordentlich freute. Dann beantragte dieser Freund – als viel beschäftigter Selbstständiger – für Peter F. eine Zweitkarte, und schon waren beide drin im Großmarktparadies für freiberufliche Schnäppchenjäger. »Eine feine Sache – und absolut legal«, erklärt Peter F., der glückliche Zweitkarteninhaber.

Journalisten gelten als sogenannte Multiplikatoren. Sie veröffentlichen nicht nur regelmäßig ihre persönliche Meinung zu Steuerreformen, Kriegen, außenpolitischen Missständen – sie beurteilen Autos, Mobiltelefone, Computer, kritisieren Urlaubsclubs, Restaurants, Pauschalreisen … Journalisten, das glauben sie zumindest von sich selbst, sind unabhängige, kritische, wissende und kluge Menschen, denen es ihr außerordentliches Talent und Können ermöglicht, einer breiten Öffentlichkeit zur Meinungsbildung zu verhelfen.

Nationale und internationale Unternehmen wissen dies zu schätzen und bieten diesen Auserwählten sogenannte Journalistenrabatte an. Selbstverständlich würden die unabhängige Journalistenschaft wie auch die betreffenden Firmen weit von sich weisen, dass es sich bei den Rabatten und den daraus entstehenden Vergünstigungen um Bestechung oder Vorteilsnahme handelt. Als Hersteller von Autos, Waschmaschinen oder Digitalkameras nimmt man es gleichwohl billigend in Kauf, dass der unbestechliche Journalist in mancher Hinsicht als Werbeträger taugen kann. Denn: Sollte man nicht annehmen, dass ein Hightechjournalist privat das beste aller jemals getesteten Autos fährt oder Handy benutzt?

Arndt B., ein Wirtschaftswissenschaftler aus Thüringen, wollte endlich auch zu dieser erlesenen Gruppe von Redakteuren und Reportern gehören – obwohl er noch nie in seinem Leben einen Artikel, Kommentar oder eine Reportage geschrieben hat. »Nicht einmal damals für die Schülerzeitung oder als Leser-Reporter für die BILD«, sagt der 34-jährige B. ohne Scham. Ein Freund seines Vaters, leitender Redakteur einer kleinen Lokalzeitung im süddeutschen Raum, stellte ihm auf Verlagspapier eine Mitarbeiterbestätigung aus, und innerhalb weniger Tage durfte B. den gültigen Presseausweis eines deutschen Journalistenverbandes in seinen Händen halten. Die passende Mailadresse besorgte sich der findige Mann auch: journalistenbuero-bluff@aol.com, und schon war er drin in der schönen, billigen Journalistenwelt.

Die besten Presserabatte

[] **Air Berlin** *25 oder 50 Prozent Nachlass auf Mittelstreckenflügen, 25 oder 33 Prozent Rabatt auf Langstreckenflügen – innerdeutsche Flüge für pauschal 99 Euro inklusive Gebühren und Steuern*

[] **Tuifly** *50 Prozent Nachlass auf den aktuellen Nettopreis für den Presseausweisinhaber und eine Begleitperson. Innerdeutsche Flüge gibt es pauschal für 79 Euro inklusive Steuern und Gebühren.*

[] **Condor** *50 Prozent Rabatt auf alle regulären Tickets*

[] **Germanwings** *50 Prozent Nachlass für den Topjournalisten nebst Begleitung. Allerdings kommen Steuern und Gebühren noch obendrauf.*

[] **Deutsche Bahn** *Die Bahncard 50 gibt es in der ersten und zweiten Klasse zum halben Preis. Aber Vorsicht: Die Bahn »überwacht« die Herkunft des Presseausweises ganz genau. Ein Vitamin-B-Ausweis ist dringend angeraten!*

[] **o2** *20 Prozent Nachlass auf die monatliche Rechnung bei o2 Genion-XL, o2 Genion-XL mit Aktionshandy, o2 Genion-XL mit Handy, o2 Inklusiv-Paket-500 etc. – 15 Prozent Rabatt auf die Monatsrechnung bei Tarifen der Kategorie o2 Genion S/M/L etc.*

[] **T-Mobile Deutschland** *keine Grundgebühr bei TellyActive bei einem monatlichen Mindestumsatz von 15,39 Euro. 15 Prozent Nachlass auf die iPhone-Tarife M, L und XL.*

[] **Audi AG** *15 Prozent auf Neufahrzeuge. Auch 15 Prozent Nachlass auf den Neupreis bei Leasing und dazu Sonderkonditionen bei den monatlichen Leasingraten durch die Audi Bank.*

[] **Volkswagen** *15 Prozent Nachlass auf Neufahrzeuge plus 30 Prozent Rabatt auf Sonderausstattung und Lackierung und deutlich schnellere Lieferzeiten bei besonders gefragten Modellen.*

Arndt B. ist zufrieden: »Unter www.presserabatte.com, www.pressekonditionen.de habe ich alles gefunden, was ein Schnäppchenjäger in wirtschaftlich harten Zeiten wie diesen wissen muss. Und natürlich nie die Gegenprobe vergessen! Manchmal geht es ohne Presseausweis noch billiger…«

Der gekaufte Presseausweis

Nicht jeder Mensch verfügt über derart gute Beziehungen wie der Thüringer Arndt B. Einen Chefredakteur oder anderen Journalisten in leitender Funktion im engeren Freundeskreis zu haben ist nicht jedem Bürger vergönnt.

Franz Sch., ein Industriekaufmann aus dem Raum Hannover, hat sich seinen Journalistenausweis unter www.presseausweis.com besorgt. »Einen Arbeitsnachweis brauchte es hierfür nicht«, erzählt Sch., »eine einmalige Überweisung in Höhe von 127 Euro genügte, und schon bekam ich meine ›Press ID-Card‹ der European News Agency.«

Diesen Kunstgriff ermöglicht die in Deutschland garantierte Pressefreiheit. Dank dieser darf im Grunde jeder Verein und jede Firma einen eigenen Presseausweis anbieten, der dann natürlich auch in Anspruch genommen werden kann. Eine Einschränkung gibt es jedoch im Gegensatz zu den »echten« Presseausweisen: »Nicht alle Firmen akzeptieren diese Karte, aber allein durch Liftkarten, Elektrogeräte, Gratiseintritt in Freizeitparks und unzählige andere Rabatte habe ich den ›Mitgliedsbeitrag‹ schon längst wieder drin. Und es macht Spaß!«, erklärt ein zufriedener Franz Sch.

Kostenlos in ein Konzert oder uneingeladen auf eine Party

Stefan H. geht seit vielen Jahren auf Konzerte und VIP-Partys. Doch er hat nie eine Karte oder Einladung. Hier offenbart er seine unglaublich dreisten Tricks.

»Hier eine Liste mit Verkleidungen, die dafür sorgen, dass ich gemeinhin nicht an den Türen aufgehalten werde:

[1.] Sanitäter

[2.] Feuerwehrmann

[3.] Lieferdienst, der noch Ware für die Läden bringt. Früh kommen. Am besten mit Schürze und einer vollen Kiste mit Brötchen (die Brötchen können hart und alt sein).

[4.] Backstage-Security: An einem Schlüsselband hängt ein von mir selbst laminierter Ausweis, auf dem ich den Bandnamen und »Backstage« gedruckt habe (manchmal klebe ich noch ein Bild von mir daneben). Meist haben die lokalen Ordner, die an den Türen stehen, keine Ahnung, mit welchen Backstage-Ausweisen die Rowdys bestückt sind.

Der Trick mit der abgerissenen Karte

Die Karten können mit einem durchsichtigen Papier von unten wieder geklebt werden und wirken wieder wie jungfräulich.

Der Notausgangtrick

Gibt es eine Türe, die sich von innen öffnen lässt? Durch den Notausgang kann man schnell mal ein paar Freunde einlassen.

Der Trick mit dem Stempel

Oft wird den Zuschauern am Ausgang ein Stempel gegeben. Der sieht jedoch entweder verschmiert wie ein farbiger Fleck aus. Gerne wird auch ein Stempel verwendet, der unter Schwarzlicht fluoresziert. Mit ein paar Filzstiften oder einem Marker, der unter Schwarzlicht leuchtet, lässt sich so ein Stempel leicht nachstellen. Ein Grund, warum er verwischt ist? »Ich habe mir gerade die Hände gewaschen.«

Der Bändchentrick

Immer Bändchen in allen Farben dabeihaben. Die Ordner achten in der Regel auf die Farbe und nicht auf einen Aufdruck. Oft gibt es mit einer bestimmten Bändchenfarbe sogar einen VIP-Bereich, in dem Essen und Getränke kostenlos sind.

Der Gästelistentrick

Bei den meisten Konzerten und Partys gibt es eine Gästeliste. Der folgende Trick lässt sich allein durchführen, aber noch besser mit zwei Personen. »Ich frage nach der Gästeliste und sage: ›Guten Tag, es sind zwei Karten auf den Namen Schneider hinterlegt.‹ (Ein sehr verbreiteter Nachname gibt sogar noch die Chance auf einen Zufallstreffer.) Nun geht die Person die Liste mit den Namen durch und wird den Namen (vermutlich) nicht finden. Während sie sucht, versuche ich irgendeinen Namen auf der Liste zu entschlüsseln und mir zu merken. Wenig später kommt dann ein Freund von mir und fragt nach diesem Namen. Wenn ich alleine bin, dann versuche ich gleich einen Namen zu verwenden, den ich gelesen habe: ›Ach, dann sind die Karten wohl unter… hinterlegt…‹«

Der Partytrick

Es gibt im Internet einen Society-Kalender namens www.vipmc.com, bei dem VIP-Partys verzeichnet sind. Hier kann man meist umsonst trinken und speisen. Sonst sollte man Internet, Zeitungen, MySpace, Facebook und die Webseiten der großen PR- und Eventagenturen auf Veranstaltungen prüfen. Jeweils eine E-Mail schreiben, die auf den konkreten Anlass zugeschnitten ist. Wer auf eine Modenshow gehen will, der sollte schnell ein Label erfinden. Prüft ohnehin nie jemand nach. Bei Society-Veranstaltungen sollte man eine wohlklingende E-Mail-Adresse verwenden: Sekretariat@BaronvomWalde.de. Vernissagen haben meist keine Gästeliste und beginnen früh. Schon um 19 Uhr da sein!

»Bei VIP-Partys komme ich schon ohne Jacke und mit einem Glas Prosecco in der Hand. Dann sieht es so aus, als wäre ich nur mal schnell an die frische Luft gegangen.«

Endlich gewinnen beim DSF-Sportquiz

Nein, wie die 0137-Nummer bei den lustigen Sportquizspielchen auf DSF überlistet werden kann, wird hier nicht verraten. Wer für 50 Cent pro Anruf glaubt, er könne ein paar Tausend Euro gewinnen, muss schon etwas Einsatz bringen. Denn dort werden so einfache Fragen gestellt wie: Automarken mit »A« oder mit dem Buchstaben »B«. Dutzende von Zuschauern rufen nun im Sekundentakt an, um ihr Glück mit Audi, Seat, Alfa Romeo, Volkswagen oder Ferrari zu versuchen. Nichts geht, keiner errät die sechs oder neun Lösungswörter. Der Jackpot steigt und steigt auf vier, sieben, zwölf und mehr Tausend Euro, und zum 18. Mal versucht es ein Anrufer mit der unglaublich

gewieften Marke »Saab«, um von der leicht bekleideten Dame auf dem Schirm ein »Nein, wieder nicht!« zu hören.
Und am Ende dann die »einfache«, kinderleichte Auflösung: Jianghuai, Jie Fang, Jonway, Jiangling, Anchi und ASL.

Das hat zwar, laut der quasi nackten Moderatorin – meist eine Hartz-IV-Quereinsteigerin mit Modelambitionen – jeder schon mal gehört, aber leider keiner gewusst. Der Jackpot bleibt beim DSF, die Erträge aus den 50-Cent-Anrufen selbstverständlich auch. Wer also tatsächlich glaubt, bei einem Sportquizspiel mit Automarken jemals etwas gewinnen zu können, sollte nach der ersten Fiat-Cadillac-Honda-Deppenrunde auf Google das Stichwort Automarken eingeben und im Wikipedia-Eintrag die vielen Hundert Automarken durchscrollen. Oder www.achtung-verboten.com eingeben. Hier finden sich alle Namen – vornehmlich aus Ländern wie Russland, China, Indien, Pakistan und Brasilien –, die man garantiert noch nie in seinem Leben gehört hat und die die Gewinnchancen um ein Vielfaches erhöhen. Und der Spaß, eine Sendung zu sehen, bei der die Zuschauerabzocke irgendwann in die Hose geht, ist beträchtlich.

Hier ein paar Beispiele:

GM-AvtoVAZ	Adam	Abbott
Edra	Cottereau	Haargaard
Sulam	Amazon	La Dawri
Chang'an	Guldstrand	Belga Rise
Hongqi	Bentall	Alamagny
Jinbei	Locus	Maruti
Adam	Playboy	Waaijenberg
Chinkara	Yak	Z

Chhabria	Beardmore	Larsen
Morattab	Whippet	Talbo
Saipa Khodro	Strathcarron	Otokar
Plasan Sasa	Ansaldo	Nufmobil
Shinjin	Induhag	Marion
Naza	Jonz	La Dawri
Mastretta	Csonka	Styl Kar
UIZIS	Stolle	Turicum
Elizalde	Sipani	Laraki
Thai Rung	Allard	Hupmobile
Frada	Shamrock	Volugrafo
Oltcit	Pyeonghwa	Tokchon
Baltijas Dzips	Perodua	Hulme
KAN	Sarao	Zuk

Wie man beim Casting genommen wird

Reinhold Schlager hat unter falschem Namen zweimal bei »Wer wird Millionär« teilgenommen. Leider hat ihn ein Zuschauer wiedererkannt, und er musste den zweiten Gewinn von 64.000 Euro zurückgeben. Hier Tipps, wie man das Casting für eine Quizsendung erfolgreich durchläuft:

1. *strategisch planen (welche Typen werden gesucht?)*
2. *Testfragen richtig beantworten*
3. *für das Telefoncasting Zeit nehmen und Sympathiepunkte sammeln*
4. *beim Telefoncasting lustig und interessant wirken (ein guter Kandidat hat eine starke, individuelle Story)*
5. *ehrlich sein*
6. *nicht überheblich wirken*

Meilen und Upgrades schnorren

Noch mehr Miles & More

Flugmeilen sind ein kostbares und begehrtes Gut. Das Sammeln von Meilen ist nicht nur weniger kleinbürgerlich als das Einkleben von Treueherzen an der Supermarktkasse, die Meilenprogramme bieten tatsächlich ein paar Vergünstigungen, für die es sich lohnt, auch einmal in die Trickkiste zu greifen.

Das Hauptproblem: Für die Prämie, die man unbedingt haben möchte, reicht das Meilenkonto nicht aus. Ob es die Bohrmaschine, der iPod oder der Freiflug ist – am Ende fehlen Meilen, die über Lufthansa für viel Geld dazugekauft werden müssen.

Die offizielle Lufthansa-Lösung: Meilen kaufen!
Und das kann teuer werden:

2.000 Meilen	60 Euro
4.000 Meilen	115 Euro
6.000 Meilen	160 Euro
8.000 Meilen	205 Euro
10.000 Meilen	245 Euro
12.000 Meilen	290 Euro

Wer das »Kleingedruckte« im Miles&More-Programm eingehend studiert, wird auf deutlich kostengünstigere Möglichkeiten kommen, seinen Meilenstand zu vergrößern.

Die alternative Lufthansa-Lösung

Die Kreditkarte: Wer jemanden für eine Miles & More Credit Card Gold wirbt, erhält 10.000 Meilen Prämie und der Geworbene 3.000 Meilen Willkommensbonus. Die Gold-Karte selbst kostet den Inhaber 85 Euro Jahresgebühr, und pro Euro Umsatz auf der Kreditkarte fließt eine Prämienmeile auf das Konto.

Das Probeabonnement

- *Die »Financial Times Deutschland« bietet ein 4-Wochen-Probe-Abo für 25 Euro an, als Prämie gibt es 2.000 Meilen Prämie obendrauf. Der Trick: 35 Euro gespart!*
- *Die »Welt am Sonntag« bietet ein 3-Monats-Abo für 27 Euro an, 2.000 Meilen inklusive. 33 Euro gespart!*
- *Der »Playboy« bietet ein 2-Jahres-Abonnement für 117,60 Euro an und spendiert 6.000 Meilen im Gegenwert von 160 Euro. 42,40 Euro gespart!*
- *Und der »Focus« verlangt für ein Testabo mit 10 Ausgaben 21 Euro und verteilt 1500 Prämienmeilen. Damit hat man am Ende ca. 24 Euro gespart!*
- *Drei Monate »Handelsblatt« im sogenannten Quartalsabo kostet 78 Euro und gibt 7.000 Meilen obendrauf. Die haben einen Gegenwert von etwa 190 Euro. In der Endabrechnung hat der geneigte Leser also etwa 112 Euro gespart!*

Meilen optimal einlösen

Grundsätzlich gilt bei dem Miles & More-Programm der Star Alliance: Die gesammelten Meilen sollten immer für Flüge verwendet werden und nie für Sachprämien. Warum?

Angebotsbeispiele

[] **Sachprämien** *lohnen sich gar nicht. Eine Bohrmaschine von Black & Decker beispielsweise kostet knapp 100 Euro oder 33.000 Meilen. 1000 Meilen sind also nur etwa 30 Euro wert. Ein bei Sixt gemieteter VW Polo kostet für eine Woche etwa 220 Euro oder 39.000 Meilen. 1000 Meilen hätten in diesem Fall also einen Wert von immerhin 56 Euro.*

[] **Flugprämie** *Ein Hin- und Rückflug Frankfurt/Main nach London kostet beispielsweise 413 Euro oder 30.000 Meilen. Hier sind 10.000 Meilen schon rund 137 Euro wert – das 4,5-Fache wie bei der Bohrmaschine.*

Rund 1.350 Euro mit FOCUS-Abos sparen

Langstreckenflüge in der Economy-Klasse sind eine Zumutung für Körper und Geist, die Tarife in der Business-Klasse eine Zumutung für die Brieftasche.

› *Der Trick: Zeitschriftenabos werben und Meilen sammeln.*

› *Das Beispiel: Ein Hin- und Rückflug von München nach New York kostet in der Business-Klasse etwa 3.500 Euro oder 90.000 Prämienmeilen plus ca. 305 Euro Steuern und Gebühren. Viel Geld für ein wenig mehr Platz und einen Krabbencocktail in 10.000 Meter Höhe.*

› *Das Problem: 90.000 Meilen haben einen Gegenwert von 2175 Euro – rechnet man die 305 Euro Steuern und Gebühren obendrauf, könnte man auf diesem Weg rund 1.000 Euro sparen, wenn man auf einen Schlag 90.000 Meilen kaufen könnte. Da macht die Lufthansa aber nicht mit. Jeder Miles&More-Kunde darf pro Jahr maximal 12.000 Meilen dazukaufen – diese Rechnung geht also erst einmal nicht auf.*

› *Die einfache Lösung: Wer jemanden für ein Jahresabonnement des Nachrichtenmagazins »Focus« im Wert von 153,40 Euro wirbt, erhält 7.500 Bonusmeilen. Wer also in seinem Freundeskreis und innerhalb der Familie zwölf Jahresabos werben kann, hat die 90.000 Meilen zusammen. Die zwölf Abos kosten 1.840 Euro, und zusammen mit den Gebühren und Steuern kostet auf diesem Weg ein Business-Flug nach New York nur noch etwa 2.150 Euro. Macht am Ende ca. 1.350 Euro Ersparnis.*

› *Die komplizierte, aber verbilligte Lösung: Ganz schlaue Rechner bieten auf eBay verbilligte Jahresabonnements für einen Festpreis von 49 Euro an. Ein typisches Angebot liest sich in etwa so:*

»Focus«-Jahresabo – Verbilligt – Top Schnäppchen

Sie bieten auf ein 1-Jahres-Abonnement der Zeitschrift »Focus« – 52 Ausgaben für nur 49 Euro!!!

Sie sparen gegenüber dem regulären Abopreis in Höhe von 153,40 Euro mehr als 100 Euro.

Für Sie besteht kein Risiko, keine versteckten Kosten! Das Abonnement verlängert sich nach einem Jahr automatisch zum regulären Abopreis. Wenn Sie den »Focus« nach einem Jahr nicht mehr weiter beziehen möchten, müssen Sie selbst vor Ablauf der Kündigungsfrist (6 Wochen vor Ablauf des Bezugsjahres!) beim Verlag kündigen.

Der Verlauf:

1. Sie kaufen das Abo per Sofortkauf für 49 Euro.

2. Sie schicken mir per Mail die Lieferanschrift für das Abo, Ihre gültige Telefonnummer sowie Ihre Kontodaten für den Bankeinzug zur Bezahlung des Abonnements direkt beim Verlag.

3. Der Verlag wird bei Ihnen die volle Abogebühr in Höhe von 153,40 Euro einziehen. Parallel dazu erhalten Sie von mir 104,40 Euro auf Ihr Konto überwiesen. So kostet ein komplettes Jahresabo für Sie nur 49 Euro!!!

Aufgrund dieses sehr günstigen Preises erhalten Sie kein Geschenk vom Verlag.

Die Voraussetzungen für das Abo:

1. Ihr Wohnsitz (gleich Liefer- und Rechnungsadresse) liegt in Deutschland!

2. Sie hatten innerhalb des letzten Jahres kein »Focus«-Abo.

3. Sie sind mit diesen Sofortkaufbedingungen einverstanden.

4. Zahlender und Aboempfänger stimmen überein.

Für Fragen stehe ich Ihnen unter mustermann@musternet.de gerne zur Verfügung!

Wer also frühzeitig das Unternehmen Business-Flug nach New York angeht und die zwölf »Focus«-Abos für je 49 Euro an den Mann bekommt, spart noch einmal 588 Euro. Der New-York-Flug kommt dann nur noch auf rund 1.560 Euro – gespart hat man mit diesem Meilenkniff fast 2.000 Euro.

Was sagt der Arbeitgeber zu den Bonusmeilen?

Hat der Arbeitgeber die private Verwendung von auf Dienstreisen gesammelten Bonusmeilen gestattet oder über einen schon längeren Zeitraum geduldet, ohne sich zu beschweren, können daraus keine Konsequenzen wie Abmahnung oder gar Kündigung entstehen. Nur wenn der Arbeitgeber dieses ausdrücklich verboten hat, droht Unheil. Und es ist zu bedenken, dass Begünstigungen dieser Art lohnsteuerpflichtig sind. Aber die eingeflogenen Meilen gibt ohnehin jeder an … Sollte man meinen.

Business- oder First-Class-Upgrades leicht gemacht

Jana C. reist gerne, kann sich als Filialleiterin einer Supermarktkette die teuren Business-Class-Tickets nicht leisten. Von der First Class hat die 38-jährige Frau aus Bonn naturgemäß noch nie geträumt. Die Preise sind exorbitant hoch. Eine Flugreise mit der Lufthansa von Frankfurt nach Bangkok und wieder zurück kostet in der Economy-Klasse ungefähr 850 Euro, in der Business-Klasse ca. 3.500 Euro und in der First stattliche 9.500 Euro. »3.500 oder 9.500 Euro für ein bisschen Schampus, Liegesitz und Krabbencocktail? Nicht mit mir!«, sagt die resolute Thailandurlauberin und erzählt von ihren Gratis-Upgrade-Tricks:

Die Reiseleiter-Visitenkarte

»Ich besitze verschiedene Visitenkarten, die ich beim Check-in von Fall zu Fall vorlege. Mal bin ich eine Reiseleiterin, mal die Filialleiterin eines Reisebüros (bei dem ich natürlich auch gebucht habe!).

Wenn Sitze in der Business-Klasse frei sind, wird man sie vorrangig einer Reisekauffrau kostenlos anbieten – schließlich bin ich es, die gut gestimmt später meinen Kunden Lufthansa-Flüge anbieten wird.«

Die Überbuchung

»Ich buche wegen meiner angeblichen Flugangst immer für den Bereich vor den Trag-flächen – weil es dort weniger wackelt! Ist ein Flug überbucht, was häufiger vorkommt, werden die vorderen Sitzreihen immer zuerst gefragt, ob sie ein Upgrade oder gar – gegen ein »Schmerzensgeld« – auf einen späteren Flug umbuchen wollen.

Das »technische« Problem

»Was, wenn mein Sitz nicht in Ordnung ist? Der Gurt lässt sich nicht schließen (weil komischerweise ein abgebrochener Zahnstocher drinsteckt), oder – noch effizienter – die Sitzfläche wurde beim Reinigen des Flugzeugs total nass, und ich habe mich, ohne etwas zu ahnen, hingesetzt und bin nun mit meiner völlig durchnässten Hose so richtig bedient. Die Flugbegleiter werden sich garantiert eine adäquate Entschuldigung einfallen lassen! So etwas gehört sich schließlich nicht bei einer Top-Airline. Und da ich nicht nur Zahnstocher und etwas Wasser in meiner Tasche habe, sondern auch eine Wechselhose, kann ich die Business Class dann trotzdem genießen ...«

Der »OSI«-Vermerk

»Da ich meine Reisebüroagentin mittlerweile auch privat kenne, hinterlässt diese mir bei der Buchung gern einmal eine OSI, eine ›Other Significant Information‹. Darin steht vielleicht, dass ich ein VIP bin, in der Reisebranche arbeite (s.o.) oder eine wichtige geschäftliche Position bekleide. Da die Fluggesellschaften sehr gerne ›wichtige‹ Kunden für ihre Business-Klasse gewinnen, stehe ich in der allerersten Reihe, wenn es um ein kostenloses Upgrade geht. Was auch gut funktioniert: der Vermerk ›Honeymooner‹, also das glückliche Paar auf Hochzeitsreise ...«

Kleider machen Leute

»Wer glaubt, er bekomme in Badelatschen und Bermudas ein Business-Upgrade, sieht sich leider getäuscht. Wenn schon, dann muss auch das Outfit stimmen. Vom Reisegepäck angefangen bis hin zur Kleidung und dem Handgepäck muss einfach alles stimmen, um das Flugpersonal von einem Gratis-Upgrade zu überzeugen. Und es ist doch klar, dass die durchnässte Business-Kostüm-Hose schlimmere Unannehmlichkeiten suggeriert als der feuchte Jogginganzug.«

Die Beinverletzung

»Mit Krücken und einem fest bandagierten Bein am Check-in-Schalter lässt sich fast jeder freundliche Airline-Mitarbeiter erweichen. Auch den härtesten unter ihnen ist klar, dass man mit einer solchen ›Verletzung‹ kaum schmerzfrei in der Holzklasse reisen kann. Das medizinisch erforderliche und geradezu heilsame Business-Upgrade ist fast garantiert.«

Der Schwächeanfall

»Bei einer kurzen Ohnmacht oder einem gut inszenierten Schwächeanfall – ich hatte schließlich erst vor wenigen Tagen eine schwere Infektionskrankheit, muss aber die Reise aus Geschäftsgründen unbedingt antreten – sollte der ›Patient‹ unbedingt die Beine hochlegen. So etwas funktioniert auf den Economy-Stühlen leider nicht. Der Schwächeanfall ereilt mich natürlich erst kurz nach dem Start, sonst würde ich ja Gefahr laufen, dass mich die Fluggesellschaft gar nicht erst mitnimmt.«

Frechheit siegt

»Gerade Männer im dunklen Anzug, Mantel über dem Arm und feiner Leder-Laptop-Tasche schaffen es manchmal, unerkannt in der Business-Klasse zu fliegen. Einfach Platz nehmen, ausbreiten, PC aufklappen und Business-Papiere durchblättern, und nur wenige Flugbegleiter werden in Zweifel geraten und nach der Bordkarte fragen.«

Weitere kostbare Upgrade-Tipps

- *Der gute Name: Glanzvolle Titel (ob gekaufte oder erarbeitete) sollten ganz gezielt eingesetzt werden. Ein »Pastor«, »Prof. h.c.« oder ein »Baron von« hinterlässt meistens nachhaltigen Eindruck. Ebenso die »Business-Card«, also die eindrucksvolle Visitenkarte, oder eben der Presseausweis.*

- *Generell Flüge buchen, die aller Voraussicht nach überbucht sind, dann spät oder in letzter Minute einchecken, und das Business-Upgrade ist greifbar nah.*

› *Bei der Lufthansa beispielsweise auch einfach mal freundlich fragen. Intern gibt es die Anweisung, dass Lufthansa-Mitarbeiter zumindest prüfen sollen, ob ein Upgrade möglich ist.*

Das kostenlose Hotel-Upgrade

Der Hochzeitstag

Beiläufig beim Check-in erwähnen, dass man seinen Hochzeitstag feiert, verbunden vielleicht mit der Frage: »Ist das denn ein schönes Zimmer? Wissen Sie, es ist doch unser zehnter Hochzeitstag.« Auch gut: den Partner oder die Partnerin für alle hörbar fragen: »Meinst du, es war richtig, mein Schatz, unseren Hochzeitstag in einem Hotel zu feiern?«

Sonn- oder Montage buchen

Das sind traditionell die am schwächsten ausgelasteten Tage der Woche. Die Wahrscheinlichkeit, ein Upgrade zu bekommen, ist deutlich größer als an einem Freitag oder gar Samstag.

Der technische Defekt

Der Jurist Martin G. aus Hessen nutzt kleinste Schwächen in seinem Hotelzimmer, um ein Upgrade unumgänglich zu machen: »Wenn möglich, den Warmwasser-Haupthahn zudrehen und die Rezeption auf das ausbleibende warme Wasser ansprechen. Oder: Den Kaltwasser-Haupthahn zudrehen und behaupten, man hätte sich verbrüht. Ansonsten die Klassiker: Bett schmutzig oder Matratze feucht mit der Ankündigung verbunden, man möchte sofort das Hotel wechseln.

Der Hotelchef wird umgehend einen akzeptablen Vorschlag machen, wie man dieses Missgeschick schnell wieder vergessen könne. Es versteht sich von selbst, dass die teuersten Upgrades, also eine Suite, nur dann angeboten werden, wenn man selbst einen gepflegten Eindruck hinterlässt.«

Vorhandene und provozierte Urlaubsmängel

Abkassieren nach dem Urlaub

Urlaub ist teuer – ein Traumurlaub mitunter sehr teuer. Und nicht immer verläuft er so, wie es sich der Reisende vorgestellt hat. Die Abreise verzögert sich, das Hotel sieht definitiv anders aus als im Prospekt, und der Strand ist kilometerweit entfernt irgendwo versteckt. Zurück daheim, fragen sich viele enttäuschte Urlauber, ob sie einen Teil ihrer Kosten wieder zurückerstattet bekommen. Sie können! Und nicht nur die enttäuschten. Sparfüchse wissen schon vor der Traumreise, dass und vor allem wie sie den Urlaub – wenigstens zum Teil – hinterher refinanzieren können.

Die gängige Urlaubsmängelliste und wie sie richtig angewendet werden kann:

Das Vorwissen: Wichtig ist, gut vorbereitet eine Reise anzutreten. Das heißt: Was am Ende zu Rückerstattungen führen könnte, sollte vor der Reise schon bekannt sein, damit die Mängel vor Ort richtig eingeschätzt – oder bei manchen – so forciert werden, dass am Ende auch etwas herausspringt.

Die Grundsätze:

- *Die Höhe der Entschädigung hängt maßgeblich von der Intensität der Störung ab.*
- *Die Prozentsätze beziehen sich auf den Gesamtpreis, also Reise- und Unterkunftskosten.*
- *Die Prozentsätze aus mehreren Mängeln können sich addieren, wobei die aufgelisteten Höchstsätze nicht überschritten werden dürfen:*

	Vollpension	Halbpension	Übernachtung/ Frühstück	Nur Übernachtung
Verpflegung	50 %	37,5%	16,7%	0%
Unterkunft	50%	62,5%	83,3%	100%
Transport	20%	30%	30%	30%
Sonstiges	30%	30%	30%	30%

Die Tabelle besagt, dass ein Mangel bei einer Übernachtung ohne jede Verpflegung natürlich schwerer wiegt als bei einem Pauschalangebot mit Vollpension. Und sie besagt auch, dass eine nicht akzeptable Küche bei Vollpension stärker gewichtet wird als bei einer Buchung für Übernachtung mit Frühstück.

Ein Reisender kann aber auch bei einer besonders starken Beeinträchtigung durch einzelne Mängel die Reisekosten voll zurückverlangen. Im Zweifel helfen bei solchen Fragen immer auch die zuständigen Verbraucherzentralen.

Der Reiseprospekt

Grundsätzlich müssen die Prospekte, die vor einer Buchung studiert werden, auch der Wahrheit entsprechen. wenn eventuelle Mängel verschwiegen oder nur verschleiert dargestellt werden, haftet der Veranstalter für die entstandenen Einbußen. Die Verschleierungsklassiker sind:

- *»Hotel in zentraler Lage« steht für viel Straßenverkehr unter dem Zimmerfenster und Lärm durch eine pulsierende Tourismusmasse in Straßencafés, Diskotheken und Restaurants bis tief in die Nacht.*

- *»Hotel in wachsender oder aufstrebender Umgebung« heißt frei übersetzt so viel wie Presslufthämmer, Baufahrzeuge und der dazugehörige Lärm.*

- *»Neueröffnung« heißt konkret: Viele Kleinigkeiten wie Spa-Bereich, Swimmingpool und auch der Service werden im Zweifel noch nicht funktionieren.*

So viel lässt sich nachträglich zurückholen

Die meisten Gerichte orientieren sich bei Streitfällen um Mängel und Preisminderung an der sogenannten Frankfurter Tabelle:

Die Unterkunft

Abweichung vom gebuchten Ort	10 bis 25%
Abweichende Strandentfernung	5 bis 15%
Abweichende Art der Unterbringung	5 bis 10%
Doppelzimmer statt Einzelzimmer	20%
Dreibettzimmer statt Einzelzimmer	25%
Dreibettzimmer statt Doppelzimmer	20 bis 25%
Vierbettzimmer statt Doppelzimmer	20 bis 30%
Zu kleine Zimmerfläche	5 bis 10%
Fehlender Balkon (bei Zusage)	5 bis 10%
Fehlender Meerblick (bei Zusage)	5 bis 10%
Fehlendes Bad/WC (bei Buchung)	15 bis 25%
Fehlende Dusche (bei Buchung)	10%
Fehlende Klimaanlage (bei Buchung)	10 bis 20%
Fehlendes Radio/TV (bei Zusage)	5%
Zu wenig Mobiliar	5 bis 15%
Schäden (Feuchtigkeit/Risse)	10 bis 50%
Ungeziefer	10 bis 50%
Serviceausfall	25%
Schlechte Reinigung	10 bis 20%
Ungenügender Wäschewechsel	5 bis 10%
Lärm am Tag	5 bis 25%
Lärm in der Nacht	10 bis 40%
Gerüche	5 bis 15%

Ausfall von

Toilette	15%
Bad/Warmwasser	15%
Strom	10 bis 20%
Wasser	10%
Klimaanlage (je nach Jahreszeit)	10 bis 20%
Fahrstuhl (je nach Stockwerk)	5 bis 10%

Die Verpflegung

Vollkommener Ausfall	50%
Eintöniger Speisezettel	5%
Lauwarme Speisen	10%
Verdorbene/ungenießbare Speisen	20 bis 30%
Selbstbedienung anstelle Kellner	10 bis 15%
Lange Wartezeiten beim Essen	5 bis 15%
Essen in Schichten	10%
Verschmutzte Tische	5 bis 10%
Verschmutztes Besteck/Geschirr	10 bis 15%
Fehlende Klimaanlage im Speisesaal	5 bis 10%

Der Transport

Abflug mehr als 4 Stunden verspätet	5%
Niedrigere Reiseklasse	10 bis 15%
Abweichung vom Normalstandard	5 bis 10%
Fehlende Verpflegung	5%
Fehlende Bordunterhaltung (Film etc.)	5%

Das Sonstige

Fehlender/verschmutzter Pool (Zusage)	10 bis 20%
Fehlendes Hallenbad (bei Zusage)	20%
Fehlende Sauna (bei Zusage)	5%
Fehlender Tennisplatz (bei Zusage)	5 bis 10%
Fehlender Minigolfplatz (bei Zusage)	3 bis 5%
Fehlende Segel- und Surfschule (bei Zusage)	5 bis 10%
Fehlende Tauchschule (bei Zusage)	5 bis 10%
Fehlende Reitmöglichkeit (bei Zusage)	5 bis 10%
Fehlende Kinderbetreuung (bei Zusage)	5 bis 10%
Fehlende Bademöglichkeit im Meer	10 bis 20%
Verschmutzter Strand	10 bis 20%
Fehlende Liegen/Sonnenschirme (bei Zusage)	5 bis 10%
Fehlender FKK-Strand (bei Zusage)	10 bis 20%
Fehlendes Restaurant (bei Hotelverpflegung)	0 bis 5%
Fehlendes Restaurant (bei Selbstverpflegung)	10 bis 20%
Fehlende Vergnügungseinrichtungen (bei Zusage)	5 bis 15%
Fehlende Boutiquen/Ladenstraßen	0 bis 5%
Ausfall Landausflüge bei Kreuzfahrten (des anteiligen Tagespreises je Tag)	20 bis 30%
Fehlende Reiseleitung (Organisation)	0 bis 5%
Fehlende Reiseleitung bei Besichtigungen	10 bis 20%
Fehlende Reiseleitung bei Studienreisen	20 bis 30%

Georg H., ein frühpensionierter Lehrer, ist ein echter Reiseprofi. Der Mann ist in Begleitung seiner Gattin Wiebke jährlich bis zu drei Monate unterwegs. Und nachdem er einmal einen katastrophalen Urlaub auf Teneriffa erleben musste und dann auf Reisemängel klagte, hat er beschlossen, zur Aufbesserung seiner Urlaubskasse verschiedene Mängel gleichsam stets zur Hand in seinem Reisegepäck zu haben. »Die Preise sind doch sowieso maßlos überzogen«, sagt der 58-jährige ehemalige Oberstudienrat, »und ohne diese Rabatte könnten wir viele Reisen gar nicht machen.«

H. konzentriert sich zunächst einmal auf das Offensichtliche: »Den perfekten Flug, das perfekte Hotel und den perfekten Strand gibt es ohnehin nicht. Das heißt, die Frankfurter Tabelle haben wir immer griffbereit. Wir scannen sofort unser neues Domizil und bekommen so die ersten 20 Prozent bereits am ersten Tag rein. Mal ist es der Pool, mal die Aussicht, mal der Minigolfplatz – obwohl wir noch nie in unserem Leben Minigolf gespielt haben. Das Fundament jeder Reisekostenrückerstattung ist ein exakter Abgleich der Reiseunterlagen mit dem tatsächlichen Reiseort.«

Georg H. kennt die größten Hürden einer Reisereklamation: »Die Urlauber denken immer nur an die ganz katastrophalen Beispiele – verstopfte Toilette, Überschwemmung im Bad und dergleichen. Falsch! Die kleinen Dinge machen am Ende Kasse, und wenn man dann zu den ganzen letztlich unbedeutenden Nichtigkeiten noch den Faktor Ungeziefer obendrauf legt, ist die Reisekasse für den nächsten Urlaub schon wieder prall gefüllt. Und Ungeziefer in Gestalt von Ameisen oder Kakerlaken lässt sich doch in jedes Zimmerchen schleusen. Und schon eine Ameisenstraße im Zimmer gilt als erheblicher Reisemangel! Ganz nebenbei: Eine kleine Rohrzange, mit der man einen Wasserhahn zum Tropfen bringt – ich bekomme kein Auge zu! – oder sonst einen kleinen Sabotageakt erledigen kann, findet in jedem Koffer Platz ...«

H. muss wissen, was er tut. Sein Verhalten ist jedoch betrügerisch und verboten!

Die Formalien

Wenn am Urlaubsort ein Reisemangel zutage tritt, muss der Reisende dies sofort melden und die Reiseleitung auffordern, den vertragsgemäßen Zustand wiederherzustellen. Hierüber muss die Reiseleitung, die im Übrigen vor Ort sein sollte und nicht per Telefon in Deutschland angerufen werden muss, ein Protokoll anfertigen. Mit diesem Dokument kann der Reisende später gegebenenfalls eine Rückerstattung der Kosten einfordern.

Der Mangel muss innerhalb kürzester Zeit behoben werden! Wenn nicht, kann der Reisende beispielsweise auf eigene Initiative das Hotel wechseln und diese Kosten später einklagen. Oder bei erheblichen Mängeln (Feuchtigkeit im Zimmer etc.): Er reist vorzeitig ab, der Veranstalter muss den Reisenden ohne Verzug nach Hause befördern lassen. Und schließlich: Bleibt man trotz der Mängel im Urlaub, kann man nach Ende der Reise (innerhalb eines Monats) eine anteilige Rückerstattung per Einschreiben mit Rückschein fordern. Wie in vielen anderen Fällen auch empfiehlt es sich, eine Rechtsschutzversicherung zu haben. Denn wenn der Veranstalter sich weigert, die Ansprüche anzuerkennen, ist dem Reisenden empfohlen, innerhalb einer Frist von sechs Monaten zu klagen.

Wie man auf Reisen sonst noch sparen kann:

[] **Das Sofasurfen** *In Tausenden Städten weltweit gibt es Menschen, die Fremde kostenlos übernachten lassen. Infos unter www.couchsurfing.com oder www.hospitalityclub.org*

[] **Autos überführen** *Wer Mietwagen für die Firma überführt, bekommt Mietwagen und Freikilometer. Infos unter www.autodriveawayrichmond.com*

50% sparen beim Bahnreisen

Die Mitfahrerrabatte bei der Bahn funktionieren folgendermaßen: Der erste Passagier zahlt den vollen Fahrpreis, bis zu fünf weitere Personen bezahlen jeweils 50% des regulären Fahrpreises. Im Reisezentrum findet man häufig Personen, die denselben Zielort haben. Selbst wenn man die Ersparnisse teilt, hat jede Person mindestens 25% gespart. Im Internet gibt es zudem mehrere Mitfahrerbörsen, bei denen potenzielle Mitfahrer gesucht werden können.

Kostenlos mitfahren kann man meist beim »Schönes-Wochenend-Ticket« (bis zu fünf Personen können in allen Regionalzügen das gesamte Wochenende über fahren, 37 Euro) und beim »Länder-Ticket« (bis zu fünf Personen können einen Tag lang in Nahverkehrszügen in einem Bundesland reisen, 25 Euro). Einfach gleich durch den Zug schlendern und fragen, ob jemand ein solches Ticket hat und einen mitnehmen möchte. Im schlimmsten Fall kann man ein normales Ticket nachlösen.

Billigflieger-Zugticket

Viele Billigflieger bieten die Option »Zug zum Flug« an. Dabei kann man etwa für 29 Euro mit der Bahn zum Flughafen fahren und wieder zurück. Etwa von München nach Hamburg. Das lohnt sich insbesondere dann, wenn man in einer Sonderaktion ein Flugticket für wenige Euro erstanden hat. Buchung etwa unter www.tuifly.com, www.condor.de oder www.germanwings.com

Minderung ist die halbe Miete

Wie man seine Miete reduzieren kann

Jeder Mieter kann seine Miete dramatisch senken. Testen Sie Ihr Trinkwasser auf Schadstoffe, prüfen Sie, ob die Nachbarn nicht dem horizontalen Gewerbe nachgehen, oder profitieren Sie unerbittlich vom Lärm des Nachbarn. Der Vermieter muss häufiger Mietnachlass gewähren, als die meisten Menschen wissen. Nachfolgend Gerichtsentscheidungen, die als Orientierungshilfe für ähnliche Fälle hinzugezogen werden können:

- *50% – wenn sich ein asbesthaltiger Elektronachtspeicherofen in der Wohnung befindet (LG Dortmund, WuM 96,141)*

- *24% – der Gebrauch der Badewanne wird durch eine neue Hausordnung auf wenige Stunden in der Woche eingeschränkt (AG Helmstedt, 3 C 672/86)*

- *5% – verschiedenfarbige Badezimmerfliesen (LG Kleve, 6 S 285/90)*

- *33% – die einzige Bade- und Duschmöglichkeit funktioniert nicht (AG Köln, WuM 98, 690)*
- *80% – umfangreiche Bauarbeiten im Haus wie Dachgeschossausbau (LG Hamburg, 307 S 135/95)*
- *100% – umfangreiche Bauarbeiten, wenn sie zum Teil auch in der Mietwohnung stattfinden (AG Charlottenburg, MM 96,455)*
- *10–20% – bei Baulärm aufgrund des Baus einer ICE-Trasse (LG Wiesbaden, WuM 00,184; LG Köln, WuM 01, 78)*
- *30% – bei Bordell im Haus (AG Charlottenburg, MM 88, 367)*
- *30% – Diskothekenlärm (AG Köln, WuM 78,173)*
- *100% – bei Durchfeuchtung der Wände und Rattenbefall im Umfeld (Ratten sind überall, ein paar Bilder/gefangene Tiere wirken vor Gericht Wunder (AG Potsdam, WuM 95,534)*
- *10% – erhebliche Störungen beim Fernsehempfang (AG Schöneberg, GE 88, 361)*
- *20% – häufige und lautstarke Feiern nachts und an den Wochenenden (LG Dortmund, WuM 88,348)*

- *50% – schwerer Feuchtigkeitsschaden: Tropfwasser an der Decke und nasser Teppichboden (AG Leverkusen, WuM 80, 163)*

- *56% – bei überhöhten Formaldehydkonzentrationen in zwei wichtigen Zimmern (etwa Schlaf- und Kinderzimmer) (LG München, WuM 91, 584)*

- *35% – bei Lärmbelästigung durch eine benachbarte Großbaustelle (LG Hamburg, WuM 2001, 444)*

- *17% – bei Klopfgeräuschen in der Zentralheizung (LG Darmstadt, WuM 80,52)*

- *10% – bei vermeidbarem Lärm von Kindern während der Ruhezeiten (AG Neuss, WuM 88, 264)*

- *50% – bei erheblichem Lärm in der Nacht und lautstarker Musik aus einer Wohngemeinschaft im selben Haus (AG Braunschweig, WuM 90, 147)*

- *25% – bei Mottenbefall in der Wohnung (AG Bremen, WuM 2002, 215)*

- *10% – bei erhöhtem Nitratgehalt im Trinkwasser (selbiges gilt auch für erhöhte Bleibelastung (126–176 Mikrogramm pro Liter), (AG Osnabrück, WuM 89, 12; AG Hamburg WuM 90, 83)*

- *25% – bei Schimmelbildung und Feuchtigkeitsflecken in zwei Räumen (AG Lüdenscheid, WuM 2007, 16)*

Übrigens: Eine Mietminderung muss beim Vermieter nicht angemeldet werden! Nein, die Miete wird sofort und automatisch reduziert, sobald ein Mangel auftaucht. Der Mieter muss seinen Vermieter lediglich über die Schäden benachrichtigen, damit dieser die Mängel selbst beseitigen oder einen Fachmann mit der Reparatur beauftragen kann. Eine Mietminderung hängt auch nicht vom Einverständnis des Vermieters ab, und generell gilt: 100 Prozent Miete gibt es nur für 100 Prozent Wohnraum. Also nur dann, wenn wirklich alles in Ordnung ist!

Geld gespart beim Makler

Fragen Sie doch mal dezent, ob er die Provision nicht ohne Rechnung in bar haben möchte. Dafür einigen Sie sich auf einen Rabatt von 30 Prozent.

Tricks bei der Nebenkostenabrechnung

Falsche Abrechnungen und versteckte Gebühren. Dies sind die miesen Maschen der Vermieter.

Reparaturkosten *Reparaturkosten werden fälschlicherweise als Wartungskosten deklariert. Das muss der Vermieter nicht bezahlen.*

Verwaltungskostentrick *Die Kosten für die Hausverwaltung (z. B. Porto, Telefon) dürfen nicht auf die Mieter umgelegt werden.*

»Sonstiges«-Trick *Diese Rubrik ist nicht zulässig in der Nebenkostenabrechnung. Alle Kosten müssen detailliert aufgeführt werden.*

Leerstandstrick *Die Vermieter legen die Betriebskosten für leer stehende Wohnungen auf die Mieter um.*

Maklergebühren zurück

So kann man unter bestimmten Bedingungen sein Maklergeld wieder zurückholen: Makler müssen neutrale Vermittler sein. Sie dürfen in keinem Abhängigkeitsverhältnis zum Vermieter bzw. Verkäufer stehen. Andernfalls dürfen sie keine Provision nehmen. Die Provision kann vier Jahre lang zurückgefordert werden.

Das große Fressen – für lau

Das Entschuldigungspaket

Es gibt Monate, in denen die Haushaltskasse vieler Menschen ganz einfach knapp wird. Im Januar beispielsweise, wenn die ganzen Versicherungsbeiträge fällig werden, kann es im Geldbeutel schon mal leer aussehen. Und das Jahr 2009 soll ja noch ganz andere Krisen unter das Volk bringen …

Michael B., ein Berufssoldat aus Baden-Württemberg, hat seine eigene Strategie, um die Haushaltskasse seiner Familie etwas zu entlasten: den Beschwerdebrief. »Es ist im Grunde ganz einfach. Ich schreibe an die großen Lebensmittelhersteller einen freundlichen Brief, in dem ich mitteile, dass mit dem von mir gekauften Produkt etwas nicht in Ordnung war. Ob das nun ein Stück Pflaster im Joghurt ist, das Fingernagelstück im Babybrei oder die tote Biene eingebacken im Brot. Ganz wichtig ist natürlich der moderate Ton! Keine Beschimpfungen, keine Drohungen – ganz im Gegenteil. Ich unterstreiche vielmehr, dass ich schon seit Jahren mit dem Produkt zufrieden sei, man mich zu einem Stammkunden zählen könne und es mir nun fast schon peinlich sei, mich in dieser Angelegenheit an die besagte Firma wenden zu müssen.«

Der Erfolg gibt Michael B. recht: »In fast allen Fällen bekomme ich aufwendige Entschuldigungspakete zugeschickt – voll bis obenhin mit einem Querschnitt der gesamten Produktpalette. Das reicht nicht selten für mehrere Wochen vor, man spart Geld – und es trifft ja schließlich keine Armen«, berichtet Michael B. nicht ohne Stolz. Aufgelistet hat er seine Top Ten der Produktreklamation:

Produkt	Mangel
Schokolade	kleine Metallsplitter
Joghurt	gebrauchtes Pflaster
Babynahrung	Fingernagelstück
Dosengemüse	Haare
Tiefkühlfisch	spitze Muschelschalenecke
Tiefkühlgemüse	Käfer
Brot	tote Fliege oder Biene
Fertigspinat	Steinchen
Müsliriegel	Mäusekot
Tierfutter	Maden

Eine Einschränkung fügt Michael B. jedoch an: »Man sollte den Herstellern anbieten, die beschädigte Ware zuzuschicken, und muss damit rechnen, dass man das auch tun muss. Oder man steckt die präparierte Ware eben direkt mit in den Umschlag …«

Bezeichnung	Was der Kunde denkt	Was es wirklich bedeutet
Deutscher Kaviar	Kaviar, der vom Stör stammt, der in Deutschland gefangen wurde	Gefärbter, aromatisierter Fischrogen vom Lump aus dem Meer vor Island
Klosterbrot	Brot, das so gebacken ist wie in einem Kloster üblich	Kann gewöhnliches Industriebrot sein
Unbehandelte Orangen	Biologischer Anbau, ohne Chemikalien	Düngung und Pestizide möglich, nur die Oberfläche wurde nach der Ernte nicht behandelt
Mozzarella, Mascarpone	Italienischer Käse	Kann in Deutschland hergestellt sein
Natürliches Aroma	Fruchtjoghurt etwa bekommt sein Aroma aus echten Früchten	Natürliche Aromen, die aus Pilzkulturen, Enzymen oder Bakterien stammen
Artgerechte Tierhaltung	Artgerechte Tierhaltung	Industrielle Tierhaltung
Aus kontrolliertem Anbau	Öko-/Bioanbau	Bedeutungslose Vokabel
Fangfrisch verarbeitet	Der Fisch wird direkt noch auf hoher See verarbeitet	Der Fisch kann aus einer Zuchtanlage stammen
Naturgedüngt	Ökologische Düngung	Kunstdünger möglich
Ohne künstliche Aromen	Ohne Chemie hergestellt	Künstlich hergestellte Aromastoffe möglich
0,1% Fett	Lebensmittel mit wenig Kalorien	Lebensmittel kann viel Zucker und Kalorien enthalten
Bayerischer Leberkäse	Enthält Leber und stammt aus Bayern	Enthält gewöhnlich keine Leber
Bäuerliche Bodenhaltung	Kleine Ställe, Bauernhof	Industrielle Massentierhaltung
Light	kalorienarm	Kann sehr kalorienreich sein
Premium	Hohe Qualität	Industriemüll möglich
Ohne Zuckerzusatz	Ohne Zucker	Kann Milch- und Fruchtzucker enthalten
Hohe Qualität	Hohe Qualität	Schlechte Qualität (womöglich)

Der Werbedesigner Steven K. und seine Partnerin Maren F. aus Hamburg gehen gerne gut Essen. Angesagte Szenelokale, manchmal darf ein Restaurant auch einen oder gar mehrere Sterne beziehungsweise Kochlöffel haben – die beiden lieben einfach alles, was gut und leider auch sehr teuer ist. »Ein Luxus, den wir uns in den ersten Jahren vielleicht alle vier Monate einmal gegönnt haben, denn der wahre Genuss fängt im Grunde da an, wo allein die Vorspeisen in Bereichen um die 40 bis 50 Euro erst aufhören«, erklärt Maren F. mit einem unauffälligen Grinsen im Gesicht. »Heute gehen wir monatlich groß aus.« Die Strategie des Gourmetpärchens: die richtige Reklamation im richtigen Moment und im richtigen Ton.

»Wir sind erstklassig gekleidet, wissen uns zu benehmen und sind grundsätzlich überaus freundlich und zurückhaltend gegenüber dem Bedienungspersonal, was in erstklassigen Restaurants eher selten ist und uns ganz früh schon die ersten Pluspunkte beschert. Der eigentliche Clou muss relativ spät kommen, nachdem wir schon beim Amuse-Gueule und der Vorspeise beim Abräumen voll des Lobes waren.

Beim Hauptgang dann lassen wir das Bömbchen platzen. Wir haben die Hauptspeise fast beendet, da schreit einer von uns beiden hörbar laut auf. Der Ober kommt, auf einem der beiden Teller liegt ein kleines Steinchen beim Gemüse, das wir schön dort platziert haben. Ich hätte mir um ein Haar eine Plombe ausgebissen – Gott, wo kommt denn dieses Steinchen her? War das im Gemüse? Oder im Salat? Ich frage, ob ich vielleicht eine Schmerztablette bekommen könne – keine Aspirin! Ich bin allergisch – es pocht bis in die Schläfen …

Der Ober ist untröstlich, der zumeist herbeigeeilte Besitzer ebenfalls. Und nun geht es los: Ob man uns vielleicht eine kleine Freude machen könne? Eine schöne Flasche Wein? (Wenn wir in Stimmung sind: Ja!) Einen außerordentlichen Nachtisch auf Kosten des Hauses? (Ebenfalls stimmungsabhängig. Wenn der Rest nicht übermäßig teuer war, ja – wenn doch teuer, dann ›Nein danke, das ist wirklich zu freundlich, aber die Zahnschmerzen ... ich fürchte, wir müssen leider gehen‹).

Ein Gastwirt mit Stil wird auf die Rechnung verzichten oder beträchtlich im Preis heruntergehen. Und unsere Erfahrung zeigt: Die meisten wissen, wie sie mit ihren Gästen umzugehen haben! Gut gegessen, nichts oder nur wenig bezahlt und ein kleines bisschen bübische Freude über unseren Trick – es sind immer schöne Abende! Und: Manchmal ist es auch ein Haar, was in Länge und Farbe nachweislich nicht von uns sein kann. Oder ein Stück Finger- oder Zehennagel im unbezahlbaren Rotwein ... nur so am Rande bemerkt.«

Überlange Wartezeiten

Das LG Karlsruhe hat Restaurantbesuchern, die eineinhalb Stunden auf ihr Essen warten mussten, zugestanden, die Rechnung um 30 Prozent zu kürzen (Az. 1 S 196/92). Stellt sich die Frage, wer bis dahin nicht schon mehrfach dem Ober Prügel angedroht hat. Eine halbe Stunde Wartezeit indes ist einem Gast zuzumuten. Ohne Drohungen und dergleichen.

Falsche Ware

Wenn auf dem Teller etwas anderes liegt als auf der Karte beschrieben, darf man eine Preisminderung verlangen. Ein »Wiener Schnitzel« darf nicht aus Schweinefleisch gemacht werden. Es muss vom Kalb sein, alles andere ist »nach Wiener Art« oder darf reklamiert werden. Und wenn auf der Karte Brokkoli steht, sollte auf dem Teller kein Blumenkohl liegen – ansonsten ist das ein klarer Minderungsgrund.

Schlechte Qualität

Ein Wirt muss einen labbrigen Salat zurücknehmen, und ein durchgebraten bestelltes Steak muss getauscht werden, wenn es blutig auf den Teller kommt. Hilft das alles nichts, darf der Gast das Restaurant verlassen, ohne zu bezahlen, wenn ihm der Appetit aus solchen Gründen ganz vergangen ist. Wenn der Koch eine Nachbesserung verweigert, ist der Gast nur dazu verpflichtet, den Einkaufspreis des Gerichtes zu bezahlen.

Wer dann beim Verlassen eines Restaurants auch noch auf einem frisch gebohnerten Boden ausrutscht, darf von dem Wirt Schadensersatz fordern, wenn dieser nicht mit einem gut sichtbaren Schild vor der Gefahr gewarnt hat.

Der Eichstrich

Eine schöne Vorstellung: Auf einen Schlag reklamieren die Besucher des Münchner Oktoberfestes, dass ihre Bierkrüge nicht bis zum Eichstrich eingeschenkt sind. Einer unbestätigten Schätzung zufolge gingen 98 Prozent aller Maßkrüge (eine Maß stand früher für 1,069 Liter und heute großzügig abgerundet für 1,0 Liter) wieder zurück zum Nachschenken. Ein unbeschreibliches Chaos würde ausbrechen und die exorbitanten Gewinne der Wiesn-Wirte vermutlich in den Keller rutschen, wenn sie anstelle von 70 oder 80 Prozent der Krugfüllmenge plötzlich auf 100 Prozent hoch müssten. Die Rechtslage klärt das Bürgerliche Gesetzbuch.

In Paragraf 433 Absatz 1 steht: »Der Verkäufer hat dem Käufer die Sache frei von Sach- und Rechtsmängeln zu verschaffen.«

In Paragraf 437 BGB steht: »Ist die Sache mangelhaft, kann der Käufer (…) 1. Nacherfüllung verlangen, 2. von dem Vertrag zurücktreten oder den Kaufpreis mindern und 3. Schadensersatz oder Ersatz vergeblicher Aufwendungen verlangen.«

Aua! Und es gilt zu beachten: Der Schaum zählt beim Ablesen des Eichstriches nicht mit! Nochmals Aua für die Oktoberfestmacher und andere gewinnorientierte Gastwirte. Schadensersatz! Auf der anderen Seite: Würden die Wiesn-Wirte akzeptieren, dass man die 0,75 Liter Bier mit thailändischen Baht-Münzen begleicht?

Hartz-IV-Betrug

Die Maschen der Hartz-IV-Betrüger

Nach vorsichtigen Schätzungen liegt die Missbrauchsquote im Hartz-IV-Programm bei etwa 15 Prozent.

Hier die gängigsten Betrugsversuche aus der Hartz-IV-Welt:

[] **Die Fälschungen** *Die Nebenkostenabrechnung der Wohnung wird manipuliert. Sie machen aus einem Guthabenplus ein Nachzahlungsminus oder hängen noch eine Null bei der Nachzahlung hintenan.*

[] **Der Transfer ins Ausland** *Das Vermögen und Rentenzahlungen werden ins Ausland verschoben. Das Geld wird ganz einfach mit der Kreditkarte oder EC-Karte einer ausländischen Bank abgehoben. Sogar ein Fahrzeug wird im Ausland angemeldet und in Deutschland gefahren.*

[] **Die Bedarfsgemeinschaft** *Der Lebenspartner wird verschwiegen und somit auch, dass die Gefährtin für einen Teil der Miete aufkommt. Eine Anzeige wegen Betruges droht!*

[] **Die Wohngemeinschaft** *Der Empfänger gibt an, in einer Wohngemeinschaft ohne finanzielle Unterstützung zu leben. In Wahrheit handelt es sich aber um den Lebenspartner in einer eheähnlichen Lebensgemeinschaft. Die Prüfer der Arbeitsagentur sehen das häufig auf den ersten Blick: wegen des gemeinsamen Schlafzimmers!*

[] **Die Miete** *Gerne praktiziert: Ein Hartz-IV-Empfänger bekommt ALG II und die Miete überwiesen – zahlt aber keine Miete an den Vermieter.*

[] **Die Schwarzarbeit** *Schöne, üppige nicht angemeldete Nebenverdienste bessern das ALG II vieler Hartz-IV-Empfänger beträchtlich auf.*

[] **Der Unterhalt für das Kind** *Nicht selten geben Hartz-IV-Empfängerinnen, die für sich und ihr Kind ALG II bekommen, nicht an, dass sie auch noch Unterhaltszahlungen vom Expartner erhalten.*

[] **Der Partner im Ausland** *Wenn die Prüfer vorbeischauen, ist die Frau Gemahlin gerade bei einem Vorstellungstermin, beim Arzt oder zu Besuch bei den Eltern.*

In Wahrheit lebt sie längst wieder in Tunesien, Rumänien oder Kasachstan.

[] **Die Erbschaft verschweigen** *Es gibt keinen Datenaustausch zwischen Jobcentern und Nachlassgerichten, deshalb fällt es nur selten auf, wenn eine Erbschaft bei den Behörden nicht angegeben wird.*

[] **Den Job des Partners nicht melden** *Das kann man schon einmal vergessen. Dass der Partner einen gut bezahlten Job hat, der die Familie eigentlich über den Monat bringen würde …*

[] **Die Untermiete** *Hartz-IV-Bezieher schließen Untermietverhältnisse mit Verwandten ab, bei denen sie kostenlos wohnen. Auf diese Weise können sie bis zu 360 Euro Miethilfe abgreifen.*

[] **Der Bezug an verschiedenen Orten** *Die Betrüger beantragen und kassieren in verschiedenen Städten Hartz IV. Gerade bei ausländischen Namen verwenden sie verschiedene Vornamen und Schreibweisen.*

Betrügereien mit der Privathaftpflicht

Die Haftpflichtabzocke

Wenn ein Mensch einen Schaden verursacht, haftet er mit seinem gesamten Vermögen, da in Deutschland die Haftung von Privatpersonen nicht begrenzt ist. Aus diesem Grund wurden Versicherungen ins Leben gerufen, die die typischen Risiken des Alltags abdecken. Mitversichert sind in der Regel die Familienmitglieder und bestimmte Haustiere – Katzen, Vögel und Meerschweine, nicht aber Hunde und Pferde, für die eigenständige Tier-Haftpflicht-Versicherungen abgeschlossen werden sollten.

Pro Jahr kostet eine durchschnittliche Haftpflichtversicherung zwischen 50 und 130 Euro, bei Deckungssummen von bis zu 2 Millionen Euro. Für diesen bescheidenen Beitrag kommt die Versicherung normalerweise für klassische Missgeschicke im täglichen Leben auf, was manch ein »Sparfuchs« natürlich zu seinen Gunsten nutzen kann. Patrick V., ein 43-jähriger Angestellter aus dem Großraum Kassel, berichtet:

»Meine Frau und ich haben einen ziemlich großen Freundeskreis. Und wozu sind denn gute Freunde da? Sie helfen sich in Notsituationen! Und dazu zählen manchmal eben Neuanschaffungen, die den Familienetat ganz einfach übersteigen – gerade jetzt, wo die allge-

meine Wirtschaftslage sehr besorgniserregend ist. In unserem Freundeskreis wurden aus diesem Grund verschiedenste Investitionen auf dem Versicherungsweg gelöst«, verrät Patrick V.
Die schlimmsten Versicherungsbetrugsmethoden des Patrick V. und seines Umfelds:

[] **Der neue Wohnzimmerteppich** *»Der Besucher stößt versehentlich ein Glas Rotwein um. Der helle Teppich, der schon lange nervt, ist hinüber. Kosten für einen neuen: 40 Euro/ Quadratmeter, zusammen fast 1000 Euro – seine Haftpflichtversicherung zahlt.«*

[] **Die Brille des Sohnes** *»Das alte Gestell und die Gläser gingen auf dem Schulhof bei einem unabsichtlichen Zusammenprall mit der Tochter eines Bekannten zu Bruch. 450 Euro futsch, es zahlt die Privathaftpflicht des Vaters.«*

[] **Der Laptop des Kumpels** *»Den hatte er dabei, als er mir seine letzten Urlaubsfotos zeigen wollte. Mein Sohn stolperte über das Kabel, das Ding knallte mit der Ecke auf die harten Küchenfliesen – aus, Totalschaden, 1400 Euro. Meine Versicherung hat natürlich bezahlt.«*

[] **Das iPhone einer Freundin** *»Das tolle Gerät lag bei Bekannten von uns auf der Ablage. Da, wo auch die Katze manchmal liegt. Das unschuldige Tier stößt das nagelneue Mobiltelefon herunter – nichts geht mehr. Von der hohen Versicherungssumme hat sie sich wieder ein einfaches, günstigeres Gerät gekauft – man muss auch mal sparen können.«*

[] **Der Plasmafernseher** *»Der vielleicht beste Deal. Das Ding kauft man bereits defekt auf eBay, wenn der Verkäufer den Hinweis gibt, die Originalrechnung beizulegen. Die beläuft sich auf ca. 3000 Euro, ersteigern wird man das kaputte Gerät für 200 Euro, und dann kommt der berühmte Schadensfall: gestolpert und in den Fernseher geflogen oder dabei die Cola in den Fernseher geschüttet … Netto bleiben 2.800 Euro und der gewohnte Fernseher, den man schon seit zwei Jahren hat.«*

Patrick V. gibt auch Einblick, wie er mit seiner Versicherung umgeht:

[] **Die Versicherungstreue** *»Zahlt sich immer aus. Möglichst das Gesamtpaket bei einer einzigen Versicherung abschließen und im Laufe der Jahre ein angenehmes Verhältnis mit dem Versicherungspersonal aufbauen. Wer ständig feilscht und von Versicherung zu Versicherung springt, gehört nicht unbedingt zum Kreis der Verlässlichen.«*

[] **Die Bescheidenheit** *»Bei der Versicherung nie unerhörte Forderungen stellen, nie drängen und im Zweifel eher schüchterne Fragen stellen, ob so ein Schaden denn überhaupt abgedeckt sei und ob man ihn nicht besser selbst begleichen solle. Wenn man als Normal- oder Geringverdiener Stereoanlagen für 8000 Euro bei der Versicherung meldet, kann das komisch wirken.«*

[] **Die Streuung** *»Wer solche Spielchen im Freundeskreis macht, muss unbedingt prüfen, wer bei welcher Versicherung ist* *und welche Versicherung zuletzt in Anspruch genommen wurde. Häufen sich bei einem Unternehmen die Fälle, kann es zu unerfreulichen Nachforschungen kommen.«*

[] **Das Wissen** *»Man muss die Versicherungsbedingungen kennen! Ein Schadensfall darf natürlich nicht innerhalb der Familie geschehen, bei dem Haustier sollte es sich nicht um etwas Exotisches handeln, was nicht mit abgedeckt ist.«*

[] **Die Meldung** *»Der Schaden sollte spätestens innerhalb einer Woche bei der Versicherung gemeldet und der Schadenshergang schriftlich detailgetreu niedergeschrieben werden. Manche Versicherungen verlangen Kaufbelege oder Fotos von der beschädigten Sache. Also keine Geschichte für Kurzentschlossene. Manche Pläne muss man auch mal ein paar Monate ruhen lassen, um im Zweifel ein Foto vorlegen zu können, das schon ein Jahr alt ist.«*

Die Absprache: »Versicherungen achten auf verschiedene Kriterien. Stutzig werden sie immer, wenn es Widersprüche zum ›Unfall‹-Hergang gibt. Verursacher und Geschädigter müssen genaue Absprachen treffen – wie bei der Planung eines Alibis. Auffällig sind auch ausgefallene Geschichten, die den Unfall beschreiben sollen. Die Sache sollte so simpel wie möglich passiert sein. In der Endabrechnung kommen ein paar Euro pro Jahr zusammen – keine Summen allerdings, die ein sorgenfreies Leben in Lateinamerika garantieren. Deshalb sollte jeder das Risiko so gering wie möglich halten und sich still und leise freuen. 1000 Euro pro Jahr extra, das käme einer Gehaltserhöhung von gut 150 Euro brutto pro Monat gleich, und wer kann in diesem Jahr damit schon rechnen?«

Karriere-Mauscheleien und das andere Ich

Der gekaufte Hochschulabschluss

Es gibt Menschen, die leiden unter Ängsten. Angst vor Prüfungen. Angst vor dem Versagen. Oder der Angst vor zu viel Arbeit. Für angehende Akademiker sind das die denkbar schlechtesten Voraussetzungen, eines Tages als Anwalt, Betriebswirt oder Magister in die Berufswelt einzusteigen. Hilfe bieten sogenannte Ghostwriter. Die fertigen gegen Entgelt jede gewünschte Abschlussarbeit an – sofern der Auftraggeber einigermaßen solvent ist.

Jörn F., Medizinstudent und Abkömmling einer Frankfurter Familie mit medizinischer Tradition in dritter Generation, sah sich nicht in der Lage, seine Doktorarbeit in einem vernünftigen zeitlichen Rahmen selbst zu erstellen. »Gelesen hatte ich das immer mal wieder, dass es Studenten oder Akademiker gibt, die ihre wissenschaftlichen Arbeiten von einem Dritten haben schreiben lassen. Über solche Typen haben wir dann immer gelästert. Irgendwann habe ich dann selbst bei Google den Suchbegriff ›Ghostwriter‹ eingegeben und wurde rasch auf einschlägige Seiten geleitet.«

Bei Ghostwritern ist es wie mit Bordellen: Es gibt unzählige von ihnen, alle machen gute Umsätze, aber am Ende geht natürlich keiner hin…

Wer bei der Schummelei erwischt wird, muss mit drakonischen Strafen rechnen. Die Uni Münster beispielsweise droht seinen Studenten, die bei Examensarbeiten ein Plagiat eingereicht haben, unter anderem mit folgenden Konsequenzen:

- *Note mangelhaft*
- *Ausschluss von der Möglichkeit, die ungenügende Leistung zu wiederholen*
- *Ausschluss von der Abschlussprüfung*
- *Exmatrikulation*
- *Geldbuße von bis zu 50.000 Euro*

50.000 Euro Strafe! Wenn man nun berechnet, dass eine 100-seitige Magisterarbeit bei einem Ghostwriter etwa 4.500 Euro kostet, können im schlimmsten Fall also gute 55.000 Euro zusammenkommen.

Was Jörn F. aber nicht davon abhalten konnte, den aushäusigen Schreibdienst in Anspruch zu nehmen. »Geld war in unserer Familie nie das Problem, sodass ich die 14.000 Euro für meine Doktorarbeit ohne größeres Aufsehen beibringen konnte.« Der Grundpreis für F.s Dissertation lag bei 8.000 Euro. Dazu kamen pro Seite 40 Euro dazu. Der Ghostwriter wies jedoch darauf hin, dass er seine Arbeiten ausschließlich zu Übungszwecken erstelle und diese nicht bei einer Hochschule eingereicht werden dürften. Eine Musterarbeit gewissermaßen. Auch für Dr. med. Jörn F.? »Natürlich! Auch ich hatte diese Arbeit nur als Beispiel geordert.« Er lächelt und geht auf Visite…

Schneller und vor allem deutlich billiger sind gekaufte akademische Titel bei sogenannten Titelmühlen. Das sind Institutionen oder Briefkastenfirmen, die sich selbst als Universitäten bezeichnen, aber natürlich keine sind. Die dort gekauften Abschlüsse und Titel besitzen keinerlei akademischen Wert – das Tragen und Benutzen dieser gekauften Würden sind in Deutschland überdies unter Strafe gestellt und können bis zu ein Jahr Haft nach sich ziehen, bei einem seriös geschätzten Umsatz von etwa 500 Millionen Dollar weltweit mit gefälschten Hochschuldiplomen darf jedoch davon ausgegangen werden, dass sich auch in Deutschland der eine oder andere Akademiker mit gekauften Titeln schmückt.

Wer allerdings Glück hat und mit seinem gekauften Doktor durchkommt, darf sich berechtigte Hoffnung auf mehr Geld machen. Eine Kienbaum-Studie hat ergeben, dass promovierte Abteilungsleiter im Schnitt 13.000 Euro pro Jahr mehr verdienen als vergleichbare diplomierte Manager…

Das Prozedere ist denkbar einfach und vor allem kostengünstig: Bei der amerikanischen Ashwood University beispielsweise genügen ein paar Klicks auf der vergleichsweise seriös gestalteten Homepage, und schon lässt sich gegen einen Unkostenbeitrag in Höhe von 599 Dollar ein Doktortitel jedweder Fakultät bestellen. Nach sieben Tagen sollte die Urkunde im Briefkasten liegen und der nächsten Beförderung nicht mehr viel im Weg stehen.

Die Angebote:

- *ein Diplom, vergleichbar mit einem deutschen Abiturzeugnis, kostet 239 Dollar.*
- *eine Bachelor-Urkunde kostet 479 Dollar.*
- *ein Master-Abschluss kostet 515 Dollar und*
- *der Doktortitel 599 Dollar.*

Noch mehr Geld spart, wer an der Ashwood University auf einen Schlag den kompletten universitären Werdegang via Internet bestellt:

- *Abitur, Bachelor und Master im Paket kommen auf 1110 Dollar.*
- *Bachelor, Master und die Promotion obendrauf kosten 1434 Dollar.*

Das sind Preise, für die in Deutschland kaum zwei Semester an einer Hochschule bestritten werden können. Der Besitz dieser Diplome ist zunächst nicht strafbar. Allerdings könnte die Geschichte schon dann justiziabel werden, wenn eine solche Urkunde im heimischen Wohnzimmer gerahmt zur Schau gestellt wird und sich ein Gast an offizieller Stelle darüber beschwert. Und wer glaubt, er könne sich nach fünf Minuten Internetstudium bei der Ashwood University um eine Oberarztstelle im nächsten Kreiskrankenhaus bewerben, sollte gute Anwälte zur Hand haben.

Die Freie Universität Zug in der Schweiz bietet unter www.uni-zug.ch für Preise ab etwa 20.000 Euro alles an, was einen guten Akademiker ausmacht:

- *Master of Art*
- *Dipl.-EU-Manager*
- *Dipl.-EU-Ingenieur*
- *Diplom: Dipl.*
- *Doktorat: Dr.*
- *Professor: Prof.*
- *Ehrenpromotion*

In der Freien Universität Teufen (www.universitaet.ch) werden in den Fakultäten

- *Wirtschaftswissenschaft*
- *Philosophie*
- *Freie Künste*
- *Euromanager*
- *Euroingenieur*

Diplomingenieurstitel, Master-Titel (MA), Dr. phil. und Professorentitel gegen entsprechende Studiengebühren erteilt. Darüber hinaus bietet die sogenannte Hochschule Außerordentliche Professuren, Ehrendoktorwürden und Senatortitel an. Was den Lebenslauf eben aufwertet, ohne jahrelang eine anerkannte Universität besucht zu haben.

Titel aus Costa Rica

Äußerst beliebt in Deutschland sind auch die Doktortitel von der Universidad Empresarial de Costa Rica (UNEM). Wer also auf einen Steuerberater, einen Landtagsabgeordneten oder den Bankmitarbeiter mit dem Zusatz »Dr. unem« oder »Prof. Dr. unem« stößt, muss nicht zwingend vor Ehrfurcht erstarren. Der Campus der Universidad Empresarial ist in einem leer stehenden Haus in San José untergebracht, die Hörsäle sind eher virtueller Natur.

Aber in Baden-Württemberg hat es eine Pädagogin mit der Doktorwürde aus Costa Rica zur Schulleiterin gebracht – wobei das Kultusministerium Wert darauf legt, die Schulleiterin habe ihren Posten aufgrund ihrer Eignung und fachlichen Leistung bekommen. Geschadet hat ihr der Titel indes offenkundig auch nicht.

Wann ein gekaufter akademischer Grad einer »Titelmühle« schadet und wann nicht, ist allerdings schwer vorauszusehen.
Allgemein gilt: Wer in Deutschland einen akademischen Titel einer nicht offiziell anerkannten Hochschule führt, kann nach Paragraf 132a des Strafgesetzbuches zu einer Freiheitsstrafe verurteilt werden. Kann! Muss aber nicht.

Die Ehrendoktorwürde

Ein honoris causa oder kurz h.c. macht sich auf jeder Visitenkarte gut. Verteilt werden die Ehrendoktortitel in Deutschland eher sparsam, und als Grundvoraussetzungen dürften in der Regel besondere Verdienste um eine Hochschule oder Fakultät gelten. Manchmal stehen auch politische Gründe hinter der Vergabe eines Ehrendoktortitels, wobei anzumerken ist, dass es sich hierbei nicht um einen akademischen Grad wie den eines Doktors handelt, bei dem ein abgeschlossenes Studium und eine Promotion nach bestandenen Prüfungen zugrunde gelegt werden müssen. Es ist lediglich eine Frage der Ehre und für manche verdienten Menschen gar eine Frage der multiplen Ehre.

Die meisten Ehrendoktortitel trägt der amerikanische katholische Theologe Theodore Hesburgh – insgesamt 150 h.c.s schmücken seinen Namen. Der Dalai-Lama kommt auf 43, Nelson Mandela auf über 50 Ehrentitel.

Doktor im Namen des Herrn

Kirchliche Doktortitel, den Dr. der Theologie (Doctor of Divinity), den Dr. der Metaphysik (Doctor of Metaphysics) oder den Dr. der Motivierung (Doctor of Motivation) gibt es für kleines Geld bei der US-amerikanischen Universal Life Church. Das »Complete Ministry Package« für 119,95 Dollar beinhaltet unter anderem:

- *eine der drei Ehrendoktorwürden*
- *eine offizielle Urkunde*
- *eine Parkkarte für das Armaturenbrett*
- *einen Ausweis im Kreditkartenstil*
- *ein Zertifikat, Hochzeiten durchführen zu dürfen*
- *ein Universaltextbuch*
- *ein Buch über die Durchführung von Vermählungen und Beerdigungen und:*

einen offiziellen Kirchentitel, beispielsweise:

- *Erzengel*
- *Erzbischof*
- *Bischof*
- *Bruder*
- *Kardinal*
- *Direktor*
- *Vater*
- *Imam*
- *Meister*
- *Märtyrer*
- *Monsignore*
- *Patriarch*

Feine, imposante Titel, die von Fall zu Fall etwas hermachen können. Da die ULC als Kirche anerkannt ist, darf sie nach amerikanischem Recht auch kirchliche Würden verleihen, und die dürfen in Deutschland getragen werden, da es sich nicht um Titel oder akademische Grade handelt. Den Ehrendoktor sollte man indes besser hinter verschlossenen Türen aufbewahren, denn das Tragen und Führen dieser gekauften Doktorwürde ist in Deutschland naturgemäß verboten.

Ein Adelstitel als Künstlername

Bei dem Fußballer Andreas Neuendorf ging es 2001 »nur« um den Künstlernamen »Zecke«. Er wollte schlichtweg – wie viele brasilianische Kicker auch – seinen Spitznamen anstelle von Neuendorf auf dem Trikot tragen. Aber der DFB und die DFL sagten Nein. Um einen Künstlernamen zu tragen, müsse man auch ein Künstler sein, und damit wollten die Offiziellen selbstverständlich nicht zum Ausdruck bringen, dass es sich bei Neuendorfs fußballerischen Qualitäten nur um kunstfreies Malochen handeln könne.

Neuendorf reagierte rasch, malte zwei Bilder, ließ diese auf der Clubhomepage von Hertha BSC Berlin versteigern und konnte so nachweisen, dass er als Künstler unter dem Namen »Zecke« durchaus bekannt sein. Neuendorf ließ sich »Zecke« in seinen Personalausweis eintragen und durfte fortan unter diesem Namen auch auf dem Fußballfeld auflaufen.

Der Fall Neuendorf ist auch ein probates Mittel, um legal und offiziell als Graf, Großherzog, Kurfürst oder Baron in Erscheinung zu treten. Da in Deutschland seit 1920 keine Adelstitel mehr verliehen werden, existiert auch kein Gesetz mehr, dass einen Baron oder Ritter in einem Künstlernamen verbieten könnte. Die heute noch bestehenden, echten Adelstitel sind nicht von Staatsmännern verliehene, sondern ererbte, erschlichene oder für viel Geld erkaufte. Die vererbten Titel bleiben Bestandteil des Namens – wie etwa bei Otto Graf Lambsdorff – und bringen nicht die Verpflichtung mit, Menschen mit Titeln als Durchlaucht oder gar Majestät anzusprechen.

Ein Peter Graf Maier oder ein Herbert Baron Müller dürfte also durchaus zum Künstlernamen gemacht werden, wenn die wie im Fall Neuendorf beschriebenen Grundvoraussetzungen für eine Künstlerschaft gegeben sind. Friederich Freiherr von H., ein Betriebswirt und Hobbymaler, hat sich vor Jahren diesen Spaß erlaubt. Er führt Visitenkarten mit sich, besitzt selbstredend Briefpapier mit Fantasiewappen und erfreut sich seit dieser Zeit der Vorzüge, die der »Hochadel« auch heute offenkundig noch genießt. »In Hotels bekomme ich – ohne Aufpreis – immer die besten Zimmer und Suiten, in Restaurants die besten Tische nebst hübschen Aufmerksamkeiten wie das gute Fläschchen Wein oder das Frühstück am Bett, was natürlich stets aufs Haus geht.«

Nach einer Gesetzesänderung 2007 dürfen derzeit Künstlernamen nicht mehr im Personalausweis eingetragen werden. Ab dem 1. November 2010 soll jedoch ein Gesetz in Kraft treten, welches einen Eintrag in die Ausweispapiere wieder möglich macht. Bis dahin sollten dann auch die nötigen Nachweise erbracht sein, dass es sich bei Knut Kurfürst von Reutlingen tatsächlich um einen echten Künstler handelt…

Wie auch immer, der Künstlername ist in aller Regel die kostengünstigste Variante, an einen klangvollen Namen zu kommen.

Der gekaufte Adelstitel

Der schottische Laird ist die allgemein günstigste Möglichkeit, an einen gekauften Titel heranzukommen. Beim Laird handelt es sich um einen Landbesitzer, und das kann man werden, indem man eine Grundfläche von etwa 30 x 30 Zentimeter ersteht, sich die Urkunde zuschicken lässt und damit das Wohn- oder Arbeitszimmer dekoriert.

Unzählige Anbieter wie www.scottish4u.com oder www.scotch-laird.de bieten für Preise ab 75 Euro den Laird an, was in etwa einem deutschen Gutsherrentitel entsprechen würde – mit dem Unterschied, dass es sich doch um ein sehr übersichtliches, kleines Gut handelt. Wer möchte, kann sich für knapp 100 Euro ein Geschenkset mit Visitenkarten und Wappentasse kaufen. Damit »weist« sich der Laird oder die Lady of Camster oder der Laird of John O'Groats dann aus. Ob diese vergleichsweise billige Dekoration aber für eine bevorzugte Behandlung im Hotel oder Sterne-Restaurant reicht, sei offengelassen. In den Ausweispapieren steht der schottische Laird schließlich nicht…

Bliebe die teuerste Variante der Adoption – wenn man mal davon absieht, dass auch ein adliger Ehepartner zum erwünschten Namen führen könnte. Mit Hilfe der Adoption besteht die Möglichkeit, sich gegen einen hohen fünf- bis sechsstelligen Euro-Betrag von einem Adeligen adoptieren zu lassen – ein Prinzentitel kann bis zu 200.000 Euro kosten. Bei den Suchbegriffen »Adelstitel« und »Adoption« taucht im Internet eine Vielzahl von Anbietern auf, deren Seriosität aber genauestens geprüft werden sollte.

Bei der Erwachsenenadoption ist ein Altersunterschied von mindestens 11 bis 15 Jahren unerlässlich. Der Gesetzgeber wird von Fall zu Fall auch die »sittliche Berechtigung« einer solchen Adoption prüfen. Auch hierbei sei zu beachten, dass in Deutschland mit der Abschaffung des Adelsstandes im Jahr 1919 sämtliche Titel und Prädikate nur mehr noch Bestandteile des Namens sind. Ein Graf Heinrich von Lichtenberge wurde in der Folgezeit zu Heinrich Graf von Lichtenberge – ein gewöhnlicher Bürger, der den Titel »Graf« nur noch in seinem Namen trägt.

Im Gegensatz zu Scheinehen, die nur zur Erlangung eines Titels eingegangen wurden, ist die »Scheinadoption« nur schwer nachzuweisen und der deutlich sichere Weg zu einem Baron oder Freiherrn.

Die wichtigsten Links zu Titeln, gekauften Diplomen und Doktorwürden unter www.achtung-verboten.com

Die Anbieter von sogenannten Camouflage- oder Banking-Passports geben sich besorgt. Was, fragen sie, passiert, wenn ein Flugzeug von Terroristen entführt wird und diese es auf Amerikaner, Briten oder Deutsche abgesehen hätten? Oder was, wenn der Pass an der Rezeption eines Drittwelthotels abgegeben werden muss und hinterher verschwunden ist? Dafür gibt es beispielsweise den Panama Instant Passport oder für vierstellige Dollarbeträge Zweitpässe aus Estland, Kolumbien, der Dominikanischen Republik, Britisch-Honduras (heute Belize), Sansibar, Burma (Myanmar) oder eines Fantasielandes mit Stempeln und Wappen versehen. Dass mit solchen Papieren natürlich auch fragwürdige internationale Bankgeschäfte erledigt werden können, würden diese Anbieter nie empfehlen. Schließlich wäre so etwas doch verboten! Die Kosten für ein solches Ausweispapier liegen bei etwa 6000 Euro. Für weitere 1000 Euro Aufpreis gibt es einen internationalen Führerschein aus klangvollen Ländern wie Rhodesien (heute Simbabwe und Sambia), Neu-Hebriden (heute Vanuatu) oder den Britisch West Indies (heute Barbados, Bahamas, Grenada, Jamaika etc.).

Der gekaufte Diplomatenstatus

Diplomaten genießen das Recht auf Immunität. Grundlage dieser Immunität ist aber die sogenannte Akkreditierung – ein Beglaubigungsschreiben des Empfangsstaates. Die diplomatische Immunität schützt den Betreffenden vor strafrechtlicher und zivilrechtlicher Verfolgung in einem fremden Land – so lange, bis er dort unter Umständen zur Persona non grata erklärt wird.

Diplomatische Titel werden im Internet auch zum Kauf angeboten. So kostet:

› *ein »Beauftragter der Botschaft«*	*ab 30.000 Euro*
› *ein »Ehren- oder Honorarkonsul«*	*ab 60.000 Euro*
› *ein »Honorar Ambassador«*	*ab 120.000 Euro*

Was man davon hat?

- *im Einzelfall keine Zollkontrollen*
- *freies Parken ohne Bußgelder*
- *keine Zölle und Steuern im aufnehmenden Land*
- *Eintritt in VIP-Lounges auf Flughäfen etc.*
- *womöglich die Aussicht auf einen besser bezahlten Job?*

Und was droht?

- *eine Anklage nach Paragraf 132a StGB (Missbrauch von Amtsbezeichnungen) mit einer Freiheitsstrafe von bis zu einem Jahr oder eine Geldstrafe*
- *eine Anklage nach Paragraf 263 StGB wegen Betruges mit Freiheitsstrafe von bis zu fünf Jahren oder Geldstrafe*
- *eine Anklage nach Paragraf 276 StGB – das Verschaffen von falschen amtlichen Ausweisen – mit einer Freiheitsstrafe von bis zu zwei Jahren oder einer Geldstrafe*

Und dies sind nur die wichtigsten Verstöße, die beim Auffliegen eines gekauften oder falschen Diplomatenpasses drohen. Wer den Titel dennoch braucht, sollte bedenken: Er ist verboten!

Jede dritte Bewerbung in Deutschland ist nach vorsichtigen Schätzungen manipuliert. Was in Anbetracht der mittlerweile katastrophalen wirtschaftlichen Lage und der damit einhergehenden Verschärfung auf dem Jobmarkt ein stark zunehmendes Phänomen werden wird.

Lügen sind in einem gewissen Maße sogar erlaubt. Wenn der Arbeitgeber nicht zulässige Fragen stellt, hat der Bewerber ein Recht auf Lüge. Allerdings nicht, wenn es sich um Fragen nach dem letzten Gehalt oder nach dem bisherigen Werdegang stellt. Frauen beispielsweise dürfen bei Fragen nach einer Schwangerschaft oder nach der Einnahme der Antibabypille falsche Auskünfte erteilen. Es darf auch gelogen werden, wenn der Arbeitgeber nach der Konfession oder einer Parteizugehörigkeit stellt. Ausnahmen hier wären natürlich kirchliche Jobs oder wenn es um eine Anstellung bei einer Partei geht.
Mittlerweile schnüffeln Privatdetektive potenziellen Jobkandidaten hinterher, um Lebensläufe, Zeugnisse und angebliche Qualifikationen der Bewerber zu überprüfen. Viele von denen scheitern an der eigenen Unfähigkeit. Denn wer schon lügt, sollte es wenigstens schlau und richtig anstellen. Die typischen Fallen bei frisierten Bewerbungen sind:

[] **Das Gehalt** *Wird ein Bewerber nach seinem letzten Gehalt gefragt, funktioniert der angegebene Fantasiebetrag nur bei einer Neuanstellung zum 1. Januar, da ansonsten das letzte Gehalt auf der Lohnsteuerkarte abzulesen ist. So etwas geht dann garantiert schief!*

[] **Die Zeugnisse** *Gefälschte Schul- und Hochschulzeugnisse gehören zum Grundstock gut frisierter Bewerbungsunterlagen. Leider begehen viele Fälscher in dieser Disziplin fatale Anfängerfehler: Die meisten fliegen auf, weil sie beim Umschreiben der Zeugnisse nicht darauf achten, dass die Postleitzahlen erst im Juli 1993 von vier auf fünf Stellen umgewandelt wurden. Ein Schul- oder Arbeitszeugnis aus dem Jahr 1992 kann nicht in einer Stadt ausgestellt worden sein, die eine fünfstellige Postleitzahl hat. Und darauf achten Personalchefs!*

[] **Die Vita** *Frisierte Zeugnisse müssen von der Zeitabfolge unbedingt in den angehängten Lebenslauf passen. Was leider häufig nicht der Fall ist. Das heißt, Fälscher sollten sich einen genauen Zeitplan konstruieren, in dem gefälschte Unterlagen und manipulierter Lebenslauf miteinander harmonieren.*

[] **Die Ausführung** *In den Personalabteilungen werden Zeugnisse mittlerweile mit der Lupe auf Unstimmigkeiten überprüft. Wer seine Unterlagen fälscht, sollte unbedingt darauf achten, dass die gleichen Schrifttypen wie im Original verwendet und vormals zentrierte Absätze wirklich exakt in der Mitte liegen. Die Damen und Herren aus dem Personalbüro messen nach!*

[] **Die Strafe** *Wenn die Sache auffliegt, gibt es keinen neuen Job. Oder der bereits bestehende wird gekündigt, wenn der Bluff erst hinterher herauskommt. Ein Kündigungsgrund ist das in jedem Fall, und im schlimmsten Fall könnte der Arbeitgeber Teile der Sozialabgaben und des Gehalts zurückfordern. Rechtlich könnten wegen Urkundenfälschung bis zu fünf Jahre Haft anstehen, die wenigsten Fälle werden jedoch zur Anzeige gebracht.*

Zur Grundausstattung eines Ehrendoktors oder Barons gehört das standesgemäße Gefährt. Wer Geld für einen akademischen Grad oder Adelstitel ausgegeben hat, sollte nach Möglichkeit nicht mit einem Golf IV vorfahren, sonst wird die ganze Angelegenheit lächerlich. Zum Fuhrpark eines Menschen von Rang und Namen gehören Fahrzeuge der Marken Aston Martin, Bentley oder Rolls-Royce. Auch eine Mercedes S-Klasse, einen Audi A8 oder einen VW Touareg kann man zur Not noch dulden.

All diese Fahrzeuge gibt es nicht selten zum Schnäppchenpreis. Während ein profaner Mini Cooper ohne Weiteres mit vernünftiger Ausstattung um die 28.000 Euro kostet, gibt es im Internet zum Beispiel unter www.autotrader.co.uk (Stand März 2009):

- *einen Aston Martin Vanquish mit 460 PS, links gesteuert und nur 10.200 Meilen auf dem Tacho, für 42.000 Pfund, also etwa 47.000 Euro!*
- *einen Bentley Arnage, 1998er Baujahr, mit 79.000 Meilen Fahrleistung für 24.900 Pfund, also ca. 28.000 Euro (ein Mini!).*
- *einen Maserati Quattroporte mit der 4,2-Liter-V8-Maschine mit 32.000 Meilen auf der Uhr gibt es für 25.000 Pfund, also auch ca. 28.000 Euro (und wieder zum Vergleich der Mini!)*

Am Ende der gekauften Karriere und des gefälschten äußeren Scheins steht eine Privataudienz beim Papst. Sehr schwierig, aber natürlich nicht unmöglich. Hier ein paar Tipps, um dennoch in den Vatikan zu kommen.

[] **Das richtige Gewand** *Vom Bischofsrang aufwärts wird kein Visum verlangt. Die Schweizergarden kennen freilich nicht alle 4784 derzeit tätigen Bischöfe. Das nötige Gewand kostet bei Boutiquen für Klerusmode wie Gammarelli oder Vincenzo Serpone ohne Mitra und Ring rund 550 Euro.*

[] **Das richtige Passwort** *Das Codewort an der St.-Anna-Pforte lautet »Uffizio Benedizioni«. Dann machen die Garden den Weg frei zum päpstlichen Segensbüro in der Via del Pellegrino.*

[] **Die richtige Zeit** *Am Nachmittag funktioniert »Servicio fotografico«, um die Garden weichen zu lassen. Dann kann man zum Hoffotografen »Osservatore Romano« schlendern, der ebenfalls in der Via del Pellegrino sein Büro hat.*

[] **Der richtige Code** *Ein weiteres Codewort lautet »Campo Santo« am Petrianus-Tor. Dann sollte sich die Sperre öffnen, und man kann zum heiligen deutschen Feld, einer Enklave im Vatikan, spazieren.*

[] **Das richtige Rezept** *Ein Visum für die zweite innere Zone, das Gebiet des Cortile del Belvedere, erhält man, wenn man ein Rezept für die päpstliche Apotheke (Farmacia Vaticana in der Via della Posta) vorlegen kann. Am nächsten, letzten Checkpoint muss man sich akkreditieren, um im Geheimarchiv zu recherchieren. Das ist zwar faktisch unmöglich, aber die Ablehnung kann man sich nur direkt im Geheimarchiv selbst abholen.*

[] **Die richtigen Worte** *Sagen Sie dem Heiligen Vater einen schönen Gruß. Robertson war ein Fehler!*

Krankfeiern für Fortgeschrittene

Das Problem

Die Deutschen haben zusammengerechnet im Schnitt an 40 Tagen im Jahr bezahlt frei. Gerechnet werden durchschnittlich 30 Urlaubs- und zehn Feiertage. Das macht Rang zwei hinter Schweden (42 Tage) und ist im Vergleich zu den acht Tagen Urlaub pro Jahr in Hongkong eine durchaus großzügige Regelung. Aber offenkundig nicht großzügig genug. Im Jahr 2008 fehlten die deutschen Arbeitnehmer nach einer Statistik des Bundesgesundheitsministeriums im Durchschnitt weitere 7,5 Tage – wegen Krankheit. Die Lohnfortzahlung im Krankheitsfall wiederum kostete nach einer Berechnung der Arbeitgeberverbände die Unternehmen mehr als 30 Milliarden Euro.

Und doch: Das richtige Kranksein will gelernt sein, schließlich will man gerade im laufenden Wirtschaftskrisenjahr weder auf die gewohnten zusätzlichen freien Tage noch auf den ohnehin bedrohten Arbeitsplatz verzichten.

In der Regel gilt die Dreitagesfrist, das heißt, innerhalb der ersten drei Krankheitstage muss der Arbeitnehmer zwar keine ärztliche Krankmeldung vorlegen, die Abwesenheit jedoch unverzüglich bei seinem

Arbeitgeber melden. Spätestens am vierten Kalendertag muss dem Arbeitgeber eine ärztliche Arbeitsunfähigkeitsbescheinigung vorliegen, sonst drohen Abmahnung oder sogar die Kündigung.

»Das sind die Formalien, die jeder beherrschen muss«, sagt Friedrich H., ein Arbeitnehmer aus Fürstenfeldbruck, der sich pro Jahr neben den 30 Urlaubs- und den etwa 14 Feiertagen durchschnittlich noch 20 bis 25 Krankheitstage leistet. »Das sind zusammen 14 Wochen oder dreieinhalb Monate Auszeit, die ich mir bei voller Bezahlung ganz einfach gönne.«

Seine Betrugsmethoden aus 15 Jahren »krankfeiern« hat der Mann verraten:

Die freie Arztwahl

»Hier bei uns in Bayern gilt größte Vorsicht. Die erste Grundregel jeder wasserdichten Krankschreibung heißt: gründlich recherchieren! Ärzte, die beispielsweise ein CSU-Gemeinderatsmandat haben, lehne ich von vorneherein ab. Deshalb das oberste Gebot: Was finde ich über den fraglichen Arzt heraus?

› *Ist er politisch aktiv? Wenn konservativ, abgelehnt. Wenn er politisch für die »Linke«, die »Grünen« und im Zweifel für die »SPD« kandidiert, ist er mein Arzt des Vertrauens.*

› *Finde ich Erwähnungen über gerichtliche Gutachtertätigkeiten? Abgelehnt!*

› *Ist seine Praxis ständig überfüllt? Ein gutes Zeichen, der Mann hat möglicherweise nur wenig Zeit, sich meinen Fall genauer anzusehen.*

› *Erfahrungsberichte anderer Kollegen, Freunde oder Nachbarn? Gab es Nachfragen, Zweifel am Krankheitsbild? Abgelehnt! Im umgekehrten Fall – keine Zweifel, keine komischen Fragen: Der Arzt ist in der engeren Wahl.«*

Der Arztbesuch

»Egal, welche politische Einstellung der Arzt am Ende hat, er muss davon überzeugt sein, dass der Patient wahnsinnig gerne arbeiten würde, aber aufgrund der Krankheit leider nicht kann.
Dazu gehört natürlich ein – trotz schwerer Erkrankung – gepflegtes äußeres Erscheinungsbild, das nicht im geringsten klischeebeladene Zweifel wie: Langhaarige oder Unrasierte sind eh faul, aufkommen lassen kann.
Ist diese Hürde geschafft, kommt es nur noch auf eine sorgsam vorbereitete und gut einstudierte Kür an.«

Die Beschwerden

»Die größten Anfängerfehler: übertriebene Schilderungen von Beschwerden und Schmerzen und die Erwähnung von Krankheitssymptomen, die im Blutbild oder bei Röntgenaufnahmen eigentlich auf den ersten Blick erkennbar sein müssten. Das Misstrauen des Arztes könnte sofort geweckt sein, und dann drohen auch schon die ersten Fangfragen: Wenn es Ihnen hier wehtut, spüren Sie dann auch ein Ziehen in der linken Brust? Wer jetzt kein Medizinstudium hinter sich hat, sitzt in der Falle. Darf es in der Brust ziehen oder nicht? Das gilt es durch die Auswahl der richtigen Krankheit unbedingt zu vermeiden.«

»Das Repertoire meiner bombensicheren Beschwerden umfasst:

[] **Die Migräne** *Krankschreibung für eine Woche garantiert und kann jederzeit über Jahre hinweg immer wieder auftreten. Die Symptome sind leicht beschrieben: drückende, dumpfe Kopfschmerzen im Bereich der Stirn und der Augen. Ein bohrender Schmerz einhergehend mit Übelkeit, Brechreiz und Schweißausbrüchen. Der Arzt wird den Blutdruck messen, eine Blutuntersuchung machen lassen und im Zweifel eine Hirnstrommessung beim Neurologen veranlassen. Hierbei drohen keine Fallen. Das Wort Migräne darf der Patient durchaus fragend in den Raum stellen, schließlich gibt es vergleichbare Fälle in der Familie – also auch hier keine Verdachtsmomente. Hauptsache, man sieht etwas übernächtigt aus, hat sich die Augen ein wenig rot gerieben und kneift diese im Untersuchungsraum zusammen, als schaue man direkt in die Sonne. Kontrollfragen nach etwaigem Augenflimmern, Sehstörungen und Symptomen in Armen und Händen sollte man besser verneinen.*
Verschrieben werden meistens Migränemedikamente wie Metoclopramid, Domperidon, Ibuprofen, Diclophenac oder Phenzon – bei besonders schweren Anfällen greift der Arzt meist auf sogenannte Triptane zurück. Die Medizin holt man in der Apotheke ab und legt sie sorgsam verwahrt zu Hause in den Medikamentenschrank.

[] **Die Magenschleimhautentzündung** *Eine Gastritis setzt mich normalerweise für zwei bis drei Wochen außer Gefecht. Sie kann auf Stress, Bakterien, unverträgliche Speisen oder Getränke oder auf die Einnahme von Medikamenten (Acetylsalicylsäure) zurückzuführen sein und geht meist einher mit Völlegefühl, Übelkeit, Brechreiz, ständigem Aufstoßen und Schmerzen in der Magengegend zwischen Rippen und Bauchnabel. Der Schmerz ist mal stärker, mal schwächer, und überhaupt, so erzähle ich, habe ich in der letzten Zeit häufiger das Gefühl, dass mir alles Mögliche auf den Magen schlage. Der Arzt tastet normalerweise den Bauch ab, macht vielleicht eine kleine Ultraschalluntersuchung, nimmt Blut ab und verschreibt ein säurehemmendes Medikament. Alles kein Problem. Eine unangenehme Magenspiegelung bei einem Spezialisten steht frühestens nach zwei Wochen an – da bin ich aber schon wieder auf dem Weg der Besserung und will auch unbedingt wieder arbeiten.*

[] **Die Magen-Darm-Grippe** *Eine Erkrankung, die mich – auch um die Arbeitskollegen zu schützen – für gut 7 bis 10 Tage daheim bleiben lässt. Ich habe Durchfall in weißlicher bis gelber Farbe, mir ist übel, ich leide unter Brechreiz, habe krampfartige Schmerzen im Oberbauch, bin appetitlos und fühle mich ganz schwach auf den Beinen, manchmal wird mir auch kurz schwindelig. Ich kann mir auf Nachfrage des Arztes natürlich nicht erklären, wie es dazu gekommen ist – ganz plötzlich fühlte ich mich elend.*

Beim Abtasten des Bauches tut der gesamte Oberbauch weh. Da der Arzt nun meinen Magenbereich abhören wird, habe ich vor dem Termin eine ordentliche Portion Kaffee getrunken, damit es schön laut zugeht im Darm. Für den nächsten Besuch – sollte es nicht besser werden – empfiehlt der Arzt, eine Stuhlprobe mitzubringen. Der Mann in Weiß empfiehlt mir magenschonende Kost, eine Traubenzucker-Salz-Mischung gegen den Flüssigkeitsverlust und schreibt mich für den Rest der Woche frei. Ganz ohne Risiko.

[] **Nervöser Erschöpfungszustand** *Hier kann mich der Arzt insgesamt 2 bis 4 Wochen krankschreiben – ich gehe nach 10 Tagen schon wieder zur Arbeit, weil es schon irgendwie wieder geht, und gelte als Vorbild für all die faulen Säcke, die wegen jedes Schnupfens wochenlang zu Hause bleiben. Ich leide unter niedrigem Blutdruck und: Ich arbeite einfach zu viel. Ich bin am Ende. Vor zwei Tagen erlitt ich einen Schwächeanfall, mir wurde schwarz vor Augen, mein Herz schien zu rasen, meine Stirn war schweißüberströmt und meine Hände waren ganz feucht. Ich muss mich ständig hinlegen, und wenn ich wieder aufstehen möchte, wird mir ganz schummrig. Besonders am Morgen, wenn ich mich bücke, wird mir seit zwei Tagen schwindelig. Hände und Füße sind ständig kalt, der ganze Körper fühlt sich matt an. Der Arzt wird den Blutdruck messen, der entweder tatsächlich zu niedrig ist oder jetzt, gerade in diesem Moment der Untersuchung, natürlich nicht. Es ist wie verhext. Er weiß: Ich brauche dringend Erholung. Ich sage ihm, dass eine Krankschreibung zu diesem Zeitpunkt nicht infrage komme,* *da es im Betrieb gerade drunter und drüber gehe, und schon bin ich für zwei Wochen außer Gefecht gesetzt. Nach den zwei Wochen würde der Hausarzt eine Überweisung für ein EKG schreiben, doch mir geht es schon wieder besser, und ich will zurück zur Arbeit. Als Held, versteht sich.*

[] **Das HWS-Syndrom** *Für eine längere Auszeit, also mindestens vier Wochen, gönne ich mir eine kranke Halswirbelsäule. Ich kann meinen Kopf kaum noch zur Seite drehen, verspüre Schmerzen in den Schläfen, ab und an übermannt mich ein leichtes Kopfzittern, im rechten oder linken Arm kribbelt es zunächst, dann überkommt mich ein anhaltender dumpfer Schmerz im Arm, die Haut fühlt sich dort dumpf und pelzig an, fast ohne Gefühl, und ich habe den Eindruck, ich hätte kaum noch Kraft in der betreffenden Hand.*

Nun startet die übliche Allgemeinmedizinerklaviatur: Abhorchen, Reflexhammer, Blutdruck und Überweisung zum Orthopäden, der beim Röntgen nach meinen Schilderungen definitiv etwas Auffälliges an meiner Halswirbelsäule erkennen wird. Eine Blockade oder vielleicht doch einen kleinen Bandscheibenvorfall? So könne ich vorerst nicht zur Arbeit – mit so was sollte man nicht spaßen. Schmerztabletten, krampflösende Medikamente, womöglich akut eine Spritze in die verspannte Region und dann sofort in die Krankengymnastik. Fango, Wärmebehandlung, Massage, Krankengymnastik – alles, was meiner geschundenen Seele guttut.

Und ich befinde mich in guter Gesellschaft, schließlich leidet gut ein Drittel unserer Gesellschaft unter Rückenschmer-

zen. Und das Schlimme ist, sie können jederzeit wieder auftreten …

[] **Das Schleudertrauma** *Das geht nicht jedes Jahr, zugegeben, aber ich bin eben ein Pechvogel. Mal hatte ich selbst einen Auffahrunfall, mal war ich Beifahrer bei so einem Crash, und dann geht es auch schon los: Verspannungen in Hals und Nacken, Kopfschmerzen, Schwindel, Schlafstörungen, Unsicherheit beim Gehen, Einschränkungen im Gesichtsfeld, Schmerzen im Gesicht und in den Armen.*

Auf Röntgenaufnahmen ist meistens nichts zu erkennen, Ärzte verschreiben sehr gerne Massagen und Krankengymnastik, was ohnehin nie schaden kann. Ansonsten gilt: Ruhe, Ruhe, Ruhe! Und zwar ohne Bedenken bis zu vier Wochen.

Kleiner Tipp am Rande: *Wenn es tatsächlich mal kracht und ein unaufmerksamer Verkehrsteilnehmer auffährt, sofort die Schleudertraumaplatte abspielen. In der Regel darf man zur Krankschreibung noch auf rund 500 Euro Schmerzensgeld hoffen, was den »unfreiwilligen Urlaub« zusätzlich attraktiv macht.*

[] **Die Kopfläuse** *Wenn eines meiner Kinder mit Kopfläusen aus Kindergarten oder Schule heimkommt, bin ich sofort dabei. Zwei bis drei Tage Krankmeldung sind hier immer möglich – schließlich soll ich ja bei mir im Betrieb niemanden anstecken!«*

Und woher Friedrich H. seine Medizinkenntnisse hat?
»Unter www.netdoktor.de habe ich bislang alles gefunden, was ich zu meinen Symptomen wissen musste.«
Derzeit bereitet Friedrich H. sein größtes Projekt vor:

Sechs Monate ›Heimaturlaub‹ wegen meines Burnout-Syndroms

Die Symptome:

- *körperliche und emotionale Erschöpfung*
- *anhaltende physische und psychische Leistungs- und Antriebsschwäche*
- *chronische Müdigkeit*
- *Konzentrationsschwächen*
- *Schlafstörungen*
- *Drehschwindel*
- *Angstzustände*
- *Gleichgültigkeit*
- *Kontaktarmut, Zurückgezogenheit*

Dazu:

- *Verdauungs- und Essstörungen*
- *leichtes Pfeifen im Ohr*
- *Depressionen*

Im Moment arbeitet H. an der richtigen Beantwortung des Maslach-Burnout-Inventory-Fragebogens – im Sommer wird ihn die »Krankheit« dann ereilen …

[1.] Die Würde der Mediziner ist unantastbar! Der Patient sollte immer demütig und unwissend erscheinen.

[2.] Nur mit Beschwerden oder Krankheiten aufwarten, die nicht mittels Röntgenaufnahmen oder Laboruntersuchungen widerlegt werden können.

[3.] Die Symptome sollten detailliert, aber vergleichsweise unmedizinisch beschrieben werden. Auf keinen Fall mit Fachbegriffen um sich schmeißen. Der Arzt darf nicht den Eindruck bekommen, der Patient hätte sich schlaugemacht.

[4.] Auch nebensächliche Beschwerden beschreiben und absurde Eigendiagnosen fällen. Beim Tennisellenbogen fragen: »Herr Doktor, glauben Sie, es ist ein Herzinfarkt?« Der Arzt wird den dummen Patienten lieben.

[5.] Symptome oder Tatsachen, die man fast immer miterwähnen darf, sind:

- *Schlappheit*
- *erwähnen, dass etwas Vergleichbares in der Familie vorgekommen ist.*
- *Appetitlosigkeit*
- *Schlafprobleme*

[6.] Sollte der Mediziner den Verdacht hegen, der Patient sei ein Simulant: sofortiger Arztwechsel! Aber Achtung: Zu viele

Arztwechsel können die Aufmerksamkeit des Arbeitgebers erregen. Bei zu vielen Auffälligkeiten wird er sich überlegen, einen Betriebsarzt oder Privatdetektiv einzuschalten.

[7.] Simulantenverdacht entsteht, wenn:

- *Schmerzen übertrieben stark geschildert werden.*
- *der Patient zu gesund und zu gut gelaunt erscheint.*
- *beschriebene Symptome sich nicht mit den Untersuchungsergebnissen decken.*
- *Wenn sich der Patient durch aufmerksame Ärzte in die Falle locken lässt. Bsp.: Man berichtet von einem steifen Nacken, dreht sich aber unter der Tür, vom Arzt angesprochen, schwungvoll wieder um. Dann ist die Schlacht verloren!*

[8.] Das volle Gehalt zahlt der Arbeitgeber für sechs Wochen. Danach übernimmt die Krankenkasse, allerdings zu reduzierten Bezügen. Wer auf die volle Lohnfortzahlung besteht, sollte nach sechs Wochen Krankenstand für ein paar Tage zurück an den Arbeitsplatz, um dann mit einer völlig neuen Krankheit wieder in die Freizeit zu entschwinden.

[9.] Der europäische Gerichtshof in Luxemburg hat übrigens entschieden, dass der Urlaubsanspruch eines Arbeitnehmers auch dann vom Arbeitgeber abgegolten werden muss, wenn der Arbeitnehmer bis zur Beendigung seines Arbeitsverhältnisses krank ausfällt. Vor dem Düsseldorfer Landesarbeitsgericht hatte ein ehemaliger Arbeitnehmer geklagt, der die letzten zwei Jahre seines Arbeitsverhältnisses bis zur Rente krank war und den wegen der Krankheit ausgefallenen Urlaub ausbezahlt haben wollte. Das deutsche Gericht lehnte ab, das europäische sprach Recht. Der Urlaubsanspruch erlischt im Krankheitsfall nicht und muss abgegolten werden (Az.: C-350/06).

Der Arbeitgeber

Heiner B., Personalchef eines Kölner Unternehmens mit rund 1500 Angestellten, beschäftigt sich täglich mit kranken Mitarbeitern. Seine wichtigsten Erfahrungen auf einen Blick:

- *»Die häufigsten Krankheiten: Magen-Darm-Geschichten, grippale Infekte, ›Frauengeschichten‹.*

- *Angestellte, die häufig den Arzt wechseln, stehen bei uns im Wiederholungsfall unter Beobachtung.*

- *Ärzte, die vermehrt Arbeitsunfähigkeitsbescheinigungen (AU) an Brückentagen, nach oder während des Urlaubs oder während des Karnevals ausstellen, erwecken unsere Neugier. Da kann es für den Arbeitnehmer im Zweifel schon mal ungemütlich werden.*

- *Dann kann es passieren, dass wir einen Privatdetektiv einsetzen, wenn wir den begründeten Verdacht haben, dass jemand krankfeiert. Dabei laufen aber Kosten von 700 bis 1000 Euro pro Tag auf, weil wegen einer Gerichtsverwertbarkeit dieser Observation immer zwei Beobachter beauftragt werden müssen. Kommt allerdings heraus, dass unser kranker Mitarbeiter nebenbei Taxi fährt, können ihm bei einem*

Prozess vor dem Arbeitsgericht die Kosten für die Beschattung übertragen werden.

- *Fast unumstößlich sind AU-Bescheinigungen wegen psychischer Probleme. Ein Termin für eine Nachuntersuchung durch den arbeitsmedizinischen Dienst kann aber dauern – bis dahin sind die meisten Drückeberger dann schon wieder gesund.*

- *Krankmeldungen unter der Woche sind unbedenklich. Montag, Freitag und Brückentage machen uns allerdings stutzig. Häufen sich diese Fälle, setzen wir einen Privatermittler ein, und dann kann es im Einzelfall für den ›Kranken‹ richtig ungemütlich werden.*

- *Allgemein gilt: Ein ›fürsorglicher‹ Anruf bei den Kranken zu Hause durch unsere Abteilung hebt immer den Blutdruck der Patienten an und beschleunigt in den meisten Fällen die Genesung ungemein. Besonders wenn ich beim ersten Versuch auf dem Anrufbeantworter lande und mich wegen der weiteren Planung in der fraglichen Abteilung besorgt nach dem allgemeinen Gesundheitszustand erkundige.«*

Der gläserne Angestellte

Etwas direkter als die Überprüfung von Kindern geht die fragwürdige Kontrolle von Mitarbeitern zur Sache. In diesem Fall böten sich als Suchbegriffe im Internet »Ortung«, »Handwerker« oder »GPS Tracker« an. Hier finden sich probate Lösungsvorschläge (beispielsweise unter www.ricom-edv.at oder auch www.trackyourtruck.de) wie kleine Ortungsgeräte für Firmenwagen, mit denen der gehörnte Arbeitgeber die Möglichkeit hat, die Arbeitsstundenabrechnung seiner Bediensteten mit seinen ureigenen Eindrücken abzugleichen. Wann fährt der Dienstwagen vom Hof? Wie lange steht er mittags bei der Imbissbude? Wie sieht es mit Privatfahrten während der Arbeitszeit aus? All die unschönen Mauscheleien, die gerade in wirtschaftlich schwierigen Zeiten wie diesen zu unerquicklichen Kosten führen können. So etwas liefert erstklassige Informationen – per SMS auf das Handy oder per Mail auf den Computer, wo mittels Google Maps oder Google Earth exakt nachgeschaut werden kann, wo sich der Kollege Meier gerade aufhält.

Oder – womit wir wieder beim Thema wären – was die liebe Gattin oder der geliebte Ehemann gerade so treiben. Und am Ende käme man vielleicht sogar zu dem Ergebnis, ein Außendienstmitarbeiter habe seinen Kilometerzähler manipuliert, um Freunde und Verwandte auf Betriebsrechnung mittanken zu lassen … Sachen gibt es.

Den Warnhinweis einiger Anbieter, dass die Geräte nicht zur Überwachung von Personen oder Gegenständen verwendet werden dürfen, ohne die Einwilligung der betreffenden Person zu haben, überlesen viele Arbeitgeber oder Lebenspartner natürlich. Wie das mit dem Kleingedruckten eben häufig der Fall ist.

Die falsche Krankmeldung

Krankenkassen mögen diese Art von Schummeleien gar nicht: Ein Arbeitnehmer lässt sich krankschreiben, nach sechs Wochen übernimmt die Krankenkasse die Fortzahlung des sogenannten Krankengeldes. In der Regel beträgt es 70 Prozent des letzten monatlichen

Bruttogehalts, höchstens aber 90 Prozent des monatlichen Nettoeinkommens. Die Zahlung dieses Krankengeldes wird höchstens 78 Wochen übernommen.

Einigen sich nun Arbeitnehmer und Arbeitgeber (was gelegentlich in kleineren Betrieben schon geschehen ist), dass trotz Krankmeldung wieder gearbeitet wird, zahlt die Kasse, obwohl der Arbeitnehmer wieder voll im Dienst ist. Nicht selten einigen sich Arbeitgeber und Arbeitnehmer darauf, das »Extragehalt« brüderlich zu teilen, und die Krankenkasse ist gründlich angeschmiert.

Die geborgte Identität beim Arzt

Was im Internet funktioniert, findet seine Anwendung auch beim Arztbesuch: die Untersuchung oder Behandlung auf Kosten von anderen. Ein Internist aus Hessen berichtet aus seinem Praxisalltag:

»Der Patient Schmitz oder Müller vereinbart telefonisch einen Termin und betont dabei, er sei privat versichert. Zu der vereinbarten Uhrzeit kommt er wenige Minuten zu spät, ist sichtlich aufgewühlt und schildert, dass ihm soeben seine Brieftasche in der Straßenbahn geklaut worden sei. Der Mann ist außer sich, atemlos und empört. Am Empfang wird er beruhigt – und selbstverständlich nicht abgewiesen. Er ist Patient, möglicherweise ernsthaft erkrankt und nun auch noch seines Geldbeutels beraubt – wer einen Menschen in solch einer Notlage abweist, hat es nicht verdient, sich Mediziner zu nennen. Der Rest der Geschichte ist einfach. Ohne Versichertenkarte, ohne Ausweis füllt der gestresste Privatpatient die nötigen Papiere aus, lässt sich umfangreich untersuchen oder aufwendig behandeln … und unsere Rechnung läuft irgendwann ins Leere. Entweder schreiben wir ahnungslose Menschen an, die um ihre Daten betrogen wurden, oder unsere Briefe gehen an Scheinadressen.

Betrug Nummer zwei ist für die Praxisbilanz weniger schmerzhaft. Patient Schmitz hat sich die Privatversichertenkarte von seinem Freund Müller geborgt. Er bekommt einen schnellen Termin, das volle Behandlungsprogramm, und bezahlen muss die Kasse seines Kumpels, die in der Regel von dieser Art des Betruges nichts erfährt.

Bei dieser Variante gehen wir wenigstens nicht leer aus. Die Gründe für beide Betrügereien können vielfältig sein: Privatpatienten werden nun mal bevorzugt behandelt und bekommen – nicht nur bei uns – rascher einen Termin als einfache Kassenpatienten. Das beflügelt offenbar die Fantasie vieler Menschen. Und für eine private Krankenversicherung verdienen die meisten Patienten eben zu wenig Geld – oder sie haben Familie und können sich die hohen Versicherungssätze bei den Privaten für Frau und Kinder, die bei Kassenpatienten einfach mitversichert sind, schlichtweg nicht leisten. Die Dummen sind dann wir oder halt die Kassen.«

Hitzefrei im Büro

Extra freie Tage gibt es laut Gesetz übrigens auch, wenn am Arbeitsplatz keine »gesundheitlich zuträgliche Arbeitstemperatur« vorherrscht. Die »Arbeitsstättenrichtlinie 6« (ASR 6) schreibt vor, dass die Lufttemperatur in Arbeitsräumen bei Außentemperaturen bis zu 32 Grad nicht wärmer als 26 Grad Celsius sein sollte. Ist es im Büro wärmer, kann der Arbeitnehmer verlangen, dass ihm ein kühlerer Raum zur Verfügung gestellt werden muss. Wird das nicht getan, darf der Arbeitnehmer heim. Hitzefrei bei vollem Lohnausgleich!

Schmutzige Wege zum Geld

Erbschleicherei leicht gemacht

Deutschland überaltert. Im Jahr 2010 werden 21 Prozent der Bevölkerung 65 Jahre und älter sein, fünf Prozent gar mehr als 80 Jahre alt. Und bei fast allen dieser Menschen ist ein größeres oder kleineres Vermögen vorhanden, welches weitervererbt werden möchte. Derzeit werden in der Bundesrepublik jährlich fast 200 Milliarden Euro an testamentarisch festgelegte Erben überschrieben – ein ungeheuerlicher Betrag, der viel Spielraum für ein wenig Fantasie lässt.

Fast jeder kennt in seinem näheren Umfeld einen Fall von Erbschleicherei. Da ist das hübsche Haus einer Nachbarin, das von einem Tag auf den anderen von einer fremden Familie bewohnt wird, während die Familie der Verstorbenen weiterhin eingezwängt in einer Mietskaserne dahinvegetieren muss. »Erbschleicher«, ein Schimpfwort der übelsten Sorte – auf einer Stufe mit Betrügern, Dieben oder Brandstiftern zu sehen. Aber: kein juristischer Sachverhalt!

Den Tatbestand der Erbschleicherei gibt es in der deutschen Rechtsprechung nicht. Kein Mensch kann wegen »Erbschleicherei« verurteilt werden, allein die Brandmarkung bleibt, was bei einem ordentlichen »Schmerzensgeld« von vielen eingeschlichenen Erben verkraftet werden kann.

Jeder Bürger hat das Recht, sein Vermögen weiterzugeben – ganz egal, wen er sich dafür aussucht. Ob es der nette Untermieter oder die aufopferungswillige Pflegerin ist – im Zweifel haben die sogenannten rechtmäßigen Erben, Angehörige, Freunde, Verwandte, das Nachsehen. Und kein Mensch muss sich für seine Entscheidung, wem er etwas vererbt, rechtfertigen.

Justiziabel wird die Sache nur, wenn die »Enterbten« nachweisen können, dass an dem Zustandekommen des Testaments etwas faul ist. Die dann fälligen Tatbestände könnten Betrug, Untreue, Unterschlagung oder Urkundenfälschung sein – wenn sie denn überhaupt nachweisbar sind.

Typische Muster für Erbschleicherei

[] **Das Opfer** *Ausgewählt werden sehr gerne ältere Menschen, die einen einsamen und hilfebedürftigen Eindruck machen und die natürlich den Eindruck erwecken, dass Mittel – Konten, Häuser, Grundstücke etc. – vorhanden sind, für die es sich lohnen würde, etwas hilfsbereiter als sonst zu sein. Ein nicht seltenes Phänomen in einer Zeit, in der Familien nicht häuslich, sondern berufsbedingt häufig auch geografisch getrennt leben: der einsame, alte Opa in Lüneburg, der Sohn samt Familie wegen des Jobs in München lebend.*

[] **Die Abschottung** *Die reiche Tante oder der wohlhabende Onkel schotten sich von der Familie ab. Das geschieht meist, weil der Erbschleicher in zunehmendem Maße Kontrolle über sein Opfer bekommt, indem er die täglichen Besorgungen übernimmt, den Menschen also von seiner Familie unabhängig macht. Der Briefverkehr des Opfers wird Schritt für Schritt übernommen und der Telefonkontakt mit der Familie eingeschränkt – »merken Sie nicht, dass die nur scharf auf Ihr Vermögen sind?«.*

[] **Die Vollmacht** *Angehörige genießen in Deutschland kein Besuchsrecht – der Erbschleicher wird nach der ersten Phase also versuchen, eine Vollmacht zu bekommen. Damit kann ein Besuchsverbot ausgesprochen werden, und schon stehen die »bösen Verwandten« vor verschlossenen Türen.*

[] **Das Testament** *Die Beeinflussung des Opfers kann nun praktisch ungestört in die entscheidende Phase übergehen: das Testament zugunsten des Erbschleichers ändern!*

Das deutsche Erbrecht ist – populärwissenschaftlich ausgedrückt – im klassischen Sinne gar kein Recht. Ein potenzieller Erbe hat gar keinen garantierten Anspruch auf den Nachlass eines Verwandten oder Bekannten. Er darf darauf hoffen, viel mehr nicht. Ein Erblasser indes kann mit seinem Vermögen anstellen, was er will, und kann irgendwelche Menschen begünstigen oder eben Erbschaften entziehen, ohne darüber Rechenschaft ablegen zu müssen. Die Enterbten haben strafrechtlich – wenn kein Verdacht auf Betrug oder Urkundenfälschung vorliegt – so gut wie keine Möglichkeiten, juristisch zu intervenieren.

Dasselbe gilt für ein zivilrechtliches Verfahren. Kommt es nicht zu einem Verstoß wie Vorteilsnahme, Sittenwidrigkeit oder dergleichen, haben es die Enterbten schwer, zumal der Erblasser entweder längst verstorben oder aber vom Erbschleicher derart manipuliert ist, dass er nichts zur Aufklärung dieser Verdachtsmomente beitragen kann oder auch will. Am Ende lacht meistens der Begünstigte, der bei einem eventuellen Rechtsstreit aufgrund seines Erbes auch über die besseren finanziellen Mittel verfügt als der arme enterbte Sohn oder Neffe.

Das Enterben

Da der Erblasser frei über sein Erbe verfügen kann, steht es ihm auch frei, wen er im Falle seines Todes von der Erbfolge unbedingt ausgrenzen möchte. Ein »Recht«, das potenziellen Erbschleichern perfekt in die Hände spielt. Wird ein Mensch in einem Testament ausdrücklich als Erbe ausgeschlossen, geht er leer aus! Wenn es sich nicht um die nächsten Angehörigen wie Eltern, Ehepartner oder Kinder handelt. Die haben ein Recht auf den gesetzlichen Pflichtteil, wenn sie nicht eine der im Bürgerlichen Gesetzbuch (BGB) aufgeführten Voraussetzungen erfüllt.

Dazu zählt, wenn der sogenannte Pflichtteilsberechtigte …

- *den Erblasser beispielsweise vorsätzlich körperlich misshandelt,*
- *dem Erblasser nach dem Leben trachtet,*
- *die Unterhaltspflicht gegenüber dem Erblasser verletzt,*
- *sich gegen den Erblasser schuldig macht*
- *oder einen »ehrlosen und unsittlichen« Lebenswandel gegen den Willen des Erblassers führt – wie auch immer das am Ende zu interpretieren wäre.*

Wichtig, auch für Erbschleicher, ist: Einer oder mehrerer dieser Gründe müssen dann aber auch im Testament aufgeführt werden! Und sie sollten auch den Tatsachen entsprechen, sonst ist das Testament wieder anfechtbar.

Die Schenkung

Die »liebe« Familie kann beim Erben auch umgangen werden, wenn der reiche Onkel vom Erbschleicher zu einer Schenkung überredet wird – treu der Weisheit folgend, man solle besser mit »warmen Händen« geben.

Damit umgeht man nicht nur die gesetzmäßigen Erben, sondern auch die lästige Erbschaftssteuer. Das Problem: Die Projekte »Erbschleicherei« oder »Keine Erbschaftssteuer« müssen von sehr langer Hand geplant werden. Die plötzliche Schenkung kurz vor dem Ableben bringt gar nichts. In diesem Fall können die Pflichtteilsberechtigten dazwischengrätschen – und die Erbschaftssteuer wird auch fällig. Demnach sollte die Schenkung – auch wenn selbstverständlich niemand wissen kann, wie lange ein Erblasser lebt – schon sehr früh angegangen werden.

Das richtige Testament – für Erben und Schleicher

› *Ein sauber auf dem PC oder der Schreibmaschine getipptes und später ausgedrucktes und unterschriebenes Testament ist nicht gültig. Das Dokument muss vom Erblasser persönlich von Hand geschrieben sein.*

- *Besteht ein Testament aus mehreren Seiten, sollten diese durchnummeriert sein, jede Seite am Rand ein Datum und eine Unterschrift enthalten.*

- *Das Dokument sollte ordentlich verwahrt liegen – bei einem Gericht oder einem Notar.*

- *In einem Testament können nur Menschen, Vereine, Stiftungen oder Gesellschaften begünstigt werden – keine Tiere! Wer seiner Katze sein Vermögen überlassen möchte, muss eine Person oder Gesellschaft, Stiftung etc. einsetzen, um das Geld für das Tier zu verwalten.*

- *Steht der Erblasser unter Betreuung, kann er trotzdem sein Testament ändern. Beispielsweise zugunsten eines Erbschleichers. Die Nachkommen werden es in so einem Fall sehr schwer haben, den Geisteszustand und die Einsichtsfähigkeit der verstorbenen Tante post mortem noch anzuzweifeln. Die Familie hat im Grunde – sollte der Verdacht auf Erbschleicherei bestehen – nur eine Möglichkeit, geistig umnachtete und manipulierte Testamentsänderungen zu verhindern: Die mangelnde Urteilskraft der Tante muss mit einem ärztlichen Gutachten attestiert werden, solange die Dame noch lebt. Die reiche Tante müsste aber mit einer solchen Untersuchung einverstanden sein, was der versierte Erbschleicher natürlich zu verhindern weiß. Denn eines ist klar: Mit einem solchen Gutachten in der Hand sitzt die »böse« Familie juristisch am längeren Hebel. Und so etwas gehört aus der Sicht eines Erbschleichers natürlich verboten!*

Ein mustergültiger Hacker-Werdegang basiert auf einer einfachen Formel: Eigne dir außerordentliche Computerkenntnisse an, schädige oder zerstöre das Sicherheitssystem eines großen Unternehmens oder einer Behörde und verrate hinterher gegen sehr viel Geld, wie du das gemacht hast!
Ein wichtiger Schritt auf dieser Karriereleiter sollte indes nicht verschwiegen werden: Dazwischen liegt meistens eine Festnahme, ein Gerichtsverfahren und eine ordentliche Geld- oder Haftstrafe.

Wer dies in Kauf nimmt, darf sich auf eine hoch dotierte Festanstellung oder über hervorragend bezahlte Beraterverträge freuen, die kaum mit der konservativen Methode – etwa über ein langjähriges Studium mit nachgeschalteten Billigst-Praktika – zu erreichen sind.

Die besten Beispiele:

John T. Draper oder auch Captain Crunch

Dieser Mann genießt Kultstatus in der Szene. In den 60er-Jahren fand er heraus, dass es mit einer Trillerpfeife, die Haferflockenpackungen der Marke Cap'n Crunch beigelegt war, möglich war, einen Ton mit einer Frequenz von 2600 Hertz zu erzeugen. Wenn man diesen Trillerpfeifenton in einen Telefonhörer blies, konnte man zu jener Zeit kostenlos telefonieren, weil Sprach- und Signalisierungsdaten auf einer Leitung liefen. Eine ganze Generation erfreute sich dank Draper der Möglichkeit des Gratis-Ferngesprächs. Der Kapitän wurde 1971 vom FBI verhaftet, bekam fünf Jahre auf Bewährung und arbeitete später mit dem Apple-Gründer Steve Jobs zusammen, entwickelte für

Apple ein Schreibprogramm und besitzt heute eine Sicherheitsfirma für Firewall-Systeme und Anti-Spam-Programme.

Kevin Mitnick alias Condor

Der Amerikaner ist der erste Hacker, der es auf ein Fahndungsplakat des FBI brachte. Condor soll mehr als 100-mal in das Netzwerk des Pentagons eingedrungen sein. Darüber hinaus »besuchte« Mitnick die Rechner des Nachrichtendienstes NSA (der Nationalen Sicherheitsbehörde der USA), und er soll auch in den Computern des Nordamerikanischen Luft- und Weltraum-Verteidigungskommandos (NORAD) geschnüffelt haben, was Mitnick bis heute bestreitet. Wie auch immer – Condor saß zwischen 1995 bis 2000 im Gefängnis und ist heute Geschäftsführer einer Computer-Sicherheitsfirma.

Robert Tappan Morris, auch rtm genannt

Der »Autor« des ersten Internetwurms der Welt wollte 1988 lediglich herausfinden, wie viele Rechner an das Internet angeschlossen sind. Sein Wurm drang durch Sicherheitslücken in Computer ein, sollte einen Zählwert zurückschicken und sich weiterverbreiten. Das tat er und setzte damit die befallenen Geräte außer Kraft.

Die Folgen: eine Bewährungsstrafe, 400 Stunden Sozialdienst, 10.000 Dollar Geldstrafe und Gerichtskosten in Höhe von rund 150.000 Dollar. Und? Eine Professur am ehrbaren Massachusetts Institute of Technology (MIT).

Es gibt deutlich schlechtere Karrieren …

Mehr Schein als Sein – so müsste wohl die Kurzdefinition für den abschätzigen Begriff »Hochstapler« lauten. Menschen, die Bildung, Status, Vermögen, berufliche Positionen – und Titel – vortäuschen, um etwas damit zu erreichen. Der Schriftsteller Thomas Mann hat mit dem »Felix Krull« diesem Phänomen einen ganzen Roman gewidmet. Der Titelheld erscheint in keinem unsympathischen Licht, dass allerdings Patienten darüber schmunzeln können, einem falschen Facharzt vertraut zu haben, ist eher unwahrscheinlich. Um von den Großen zu lernen, genügt ein Blick in die Akten der besten Vertreter dieses Faches:

Frank W. Abagnale

In der Spielberg-Gaunerkomödie »Catch Me if You Can« von Leonardo DiCaprio gespielt, begann seine »Karriere« als Jugendlicher, indem er die Benzinschecks seines Vaters über Monate hinweg in Bargeld einlöste, um am Ende – mit 21 Jahren – in 26 Ländern eine Schadenssumme von etwa 2,5 Millionen Dollar anzuhäufen. Abagnale fälschte seinen Führerschein, machte sich zehn Jahre älter und gab sich in der Folgezeit mal als »PanAm«-Pilot, mal als Anwalt, Arzt, Börsenmakler oder Geschichtsprofessor aus. Verfolgt vom FBI, gelang es dem jungen Mann immer wieder, sich mithilfe seines gefälschten »PanAm«-Ausweises mit Flugzeugen in andere Länder abzusetzen. Sein Vermögen erarbeitete sich Abagnale mit gefälschten Schecks, was ihm 1969 eine zwölfjährige Haftstrafe einbrachte. Doch schon 1974 bot ihm das FBI eine vorzeitige Freilassung an, wenn er der Behörde seine Tricks verraten würde. Heute führt der ehemalige Hochstapler ein renommiertes Gutachterbüro, welches Banken, Versicherungen und das FBI zu den Themen Trickbetrügereien und Fälschung unterrichtet.

Gert Uwe Postel

Der Hauptschüler mit einer Postbotenausbildung nahm 1982 unter dem Namen Dr. med. Dr. phil. Clemens Bartholdy die Stelle des stellvertretenden Amtsarztes von Flensburg an. Beim Bewerbungsgespräch verriet er auch das Thema seiner Dissertation: »Über die Pseudologia phantastica am literarischen Beispiel des Felix Krull nach dem gleichnamigen Roman von Thomas Mann und die kognitiv induzierten Verzerrungen in der stereotypen Urteilsbildung«. Felix Krull also … Postel flog 1983 zum ersten Mal auf, erhielt eine Bewährungsstrafe und arbeitete in der Folgezeit weiter als Mediziner – auch als Stabsarzt bei der Bundeswehr. Der Hochstapler lebte sieben Jahre mit einer Richterin zusammen und nahm 1995 unter dem Namen Dr. Postel die Stelle eines Leitenden Oberarztes in einem Fachkrankenhaus für Neurologie und Psychiatrie in der Nähe von Leipzig an. Postel hielt medizinische Vorträge, verfasste psychiatrische Gutachten und war für eine C4-Professur nebst Chefarztstelle und dem Amt des Klinikdirektors eines sächsischen Krankenhauses vorgesehen, bis er schließlich 1997 aufflog, weil eine Mitarbeiterin ihn als Hochstapler Postel erkannte. Nach einer vierjährigen Haftstrafe veröffentlichte Postel das Buch »Doktorspiele«. Übrigens: Neben Ruhm und Geld durfte sich Dr. Postel auch über eine Privataudienz bei Papst Johannes Paul II. freuen …

Tom Kummer

Er arbeitete ab 1993 als Hollywood-Reporter für zahlreiche Publikationen wie »Süddeutsche Zeitung«, »Die Zeit«, »Der Spiegel«, »Stern«, »Vogue« und die »Frankfurter Allgemeine Zeitung«. Seine Interviews lasen sich gut – einziges Problem: Sie waren teilweise erfunden und gefälscht. Heute schreibt Kummer nicht mehr – zumindest für die deutsche Presse. Offiziell verdingt er sich als Drehbuchautor und Tennistrainer in Los Angeles. Ob als Original oder als Fälschung, muss leider offenbleiben.

Konrad Kujau

Ein Maler und Künstler, er verkaufte von ihm selbst gefälschte Hitler-Tagebücher an den »Stern« und kassierte für die 62 Bände insgesamt 9,3 Millionen Deutsche Mark. Nachdem die Sache aufgeflogen war, wurde Kujau in Hamburg wegen Betruges zu viereinhalb Jahren Haft verurteilt. Nach seiner Haftzeit verdiente sich der – spätestens nach der Verfilmung seines Hitler-Tagebuch-Skandals in »Schtonk« – bundesweit bekannte Kujau sein Geld als »Fälschungsexperte« bei »Spiegel-TV« und verkaufte für teuer Geld seine »Original Kujau-Fälschungen«.

Thomas Sanders

Eigentlich hört er auf den bürgerlichen Namen Thomas B. und war nach eigenen Angaben ein deutscher Top-Agent – ein teutonischer James Bond gleichsam, der als Top-Agent im Auftrag des Bundesnachrichtendienstes mit dem »Elitekommando Ost« 1981 in einem Ostberliner Gefängnis einen Wissenschaftler befreit und sicher in den Westen gebracht haben will. Er war eigenen Angaben zufolge auch an zwei Sabotageakten in einer Chemiefabrik in Halle beteiligt, was 1979 die Energieversorgung der DDR hätte ins Wanken bringen sollen. So viel Wissen müsste man doch zu Gold machen können, mag sich G. gedacht haben und schließt mit dem britischen Random-House-Verlag einen Vertrag über zwei Bücher im Wert von einer Million britische Pfund ab. Die Briten bekommen irgendwann Zweifel an der Echtheit dieser »Insider-Story«, lösen – nachdem offenkundig mehr als 400.000 Pfund geflossen sind – den Vertrag wieder auf und lassen das Buch im Archiv stecken. Nicht so die deutsche Random-House-Tochter Heyne. Dort erscheint 2003 das Buch »Todeszone«, wird zum Bestseller und später leider als Münchhausen-Thriller enttarnt. Thomas G. alias Thomas Sanders war kein Elitesoldat, sondern ein profaner Paketzusteller mit ausgeprägter Fantasie. Im Verlagsprogramm findet sich das Buch heute nicht mehr, bei Amazon indes wird ein Neuexemplar für rund 70 Euro angeboten. Oder eben gebraucht: ab 1,20 Euro…

Dass Deutschlands berühmtester Heiratsschwindler Frank Ficker heißt, ist vermutlich (k)ein Zufall. 16 Frauen hatte er betrogen und deshalb 18 Monate Gefängnisstrafe erhalten, die er zunächst nicht antreten musste, weil er erst einmal eine Alkoholentziehungskur machen musste – er trank laut »Bild«-Zeitung täglich sechs Flaschen Köstritzer und eine Flasche Wein. Und nachdem er vor dem Haftantritt nun auch noch drei Frauen mit teuren Blumengebinden beschenkte, ohne diese bezahlen zu können, droht dem Herrn mit dem kuriosen Namen ein weiterer Prozess.

Andere Heiratsschwindler indes gehen diskreter vor. Die Masche ist fast immer dieselbe: Verwitwete, geschiedene oder andersartig einsame Frauen suchen im Internet oder mittels Zeitungsannoncen nach einem neuen Partner. Eine Grundrecherche über ihre potenziellen Opfer brauchen Heiratsschwindler häufig gar nicht erst anzustellen: »Professorenwitwe«, »pensionierte Ärztinnen« und »finanziell unabhängige« Frauen werben um Zuneigung, Liebe und Partnerschaft. Fragen bleiben in solchen Fällen kaum offen.

Der Fall ist klar. Man schreibt sich, telefoniert, trifft sich. Die zumeist älteren Damen fühlen sich geschmeichelt, von einem jüngeren, gut aussehenden und charmanten Herrn begehrt zu werden, und dann schnappt auch schon die Falle zu.

- *Selbstständig, kleiner Betrieb, unzählige Kunden haben noch Zahlungsrückstände, finanzieller Engpass, drohende Insolvenz: Die Frauen zahlen, und zwar in der Regel fünf- bis sechsstellige Beträge.*

- *Der Mann behauptet, vermögend zu sein, lebt aber in Scheidung, hat sein Geld im Ausland vor der Frau versteckt und kommt aus diesem Grund derzeit nicht an Bares: Die Frauen zahlen!*

- *Der Mann hatte einen hoch dotierten Job, sein Geld ist fest angelegt, und in Kürze erwartet er eine hohe Abfindung von seiner ehemaligen Firma. Das Auto hat einen Totalschaden, oder ein tragischer Todesfall in der Familie erfordert eine Reise nach Brasilien nebst Überführung und Beisetzung des Verstorbenen. Die Frauen bezahlen selbstverständlich auch hier in fünfstelliger Höhe.*

Heiratsschwindel selbst ist seit Mitte der 70er-Jahre kein juristischer Tatbestand mehr, wird aber von den Behörden in aller Regel als Betrug gewertet und juristisch verfolgt. Wenn die Beweislage genügt! Liegen keine schriftlichen Verträge über die Zahlungen vor, steht am Ende Aussage gegen Aussage. Nicht wenige Heiratsschwindler können sich so einer Verurteilung entziehen. Nur Frank Ficker muss irgendetwas falsch gemacht haben …

Horoskope gegen gutes Geld

Die Firma Questico ist Marktführer für esoterische Telefonbetreuung. Hier können vermeintliche Experten in Bereichen wie »Hellsehen ohne Hilfsmittel«, »Engelskontakte« oder »Aurasehen« esoterische Interessenten am Telefon mit Ratschlägen versorgen. Das kostet zwischen 79 Cent und 2,57 pro Minute. Questico verlangt einschlägige Qualifikationen, es wurden jedoch auch schon gefälschte Zeugnisse eingeschickt, weil Wahrsagerei ohnehin kein geregelter Ausbildungsberuf ist und die vermeintlichen Qualifikationen für Hellseherei ohnehin höchst fragwürdig sind. Die Lebensberater arbeiten mit einer einfachen Technik: Sie erzählen den Anrufern, was sie gerne hören wollen: gutes Schicksal – zufriedene Kunden. Erfolgreiche Wahrsager verdienen nebenbei mehrere hundert Euro am Tag.

Eine Bank gründen und sich vom Staat retten lassen

Ein probater, in Deutschland fast bombensicherer Weg, an viel Geld – besonders staatliches Geld – zu kommen, ist die Gründung einer Bank. Im Grunde eine simple Angelegenheit.

Im Moment gibt es in Deutschland etwa 2.300 Banken – und nach Angaben des Bundesaufsichtsamtes für das Kreditwesen (BAKred) kommen pro Jahr zwischen 10 und 20 neue dazu. Allerdings muss in Anbetracht der aktuellen Wirtschafts- und Bankenkrise offenbleiben, wie viele in den kommenden Monaten auch wieder vom Markt verschwinden werden.

Das Bankwesen ist in der Bundesrepublik zwar sehr streng reguliert, gleichwohl bedarf es bei der Gründung eines Geldhauses gerade einmal vier Schritte:

[] **Der Businessplan** *Welche Art von Bankgeschäften ist beabsichtigt? Wie viele Mitarbeiter sind vorgesehen? Wie hoch wird das Geschäftsvolumen für die kommenden drei Jahre eingeschätzt? Geschenkt! So etwas erstellt jeder Unternehmensberater im Schwimmbad. Der künftige Bankchef weist damit nach, dass er Geschäfte dieser Art ordentlich organisieren kann.*

[] **Die Banklizenz** *Den Antrag prüft in Deutschland die Bundesanstalt für Finanzdienstleistungsaufsicht (BaFin) nach den Vorgaben des Kreditwesengesetzes (KWG). Die wichtigste Vorgabe:*

[] **Das Startkapital** *Das liegt zwischen 50.000 Euro und fünf Millionen Euro. Das interessanteste Geschäftsmodell – die Bank mit dem klassischen Einlagengeschäft – erfordert ein Anfangskapital in Höhe von fünf Millionen Euro, frei und dauerhaft zur Verfügung stehend. Schwierig! Nicht für jedermann machbar, aber ein zu lösendes Problem.*

[] **Die Geschäftsleitung** *Unter geeignetem Personal für die erforderlichen zwei Geschäftsleiter versteht das BAKred Fachleute, die in einer gleich ausgerichteten Bank für mindestens drei Jahre direkt unterhalb der Vorstandsebene gewirkt haben. Auch die persönliche Integrität dieser zwei angehenden*

Geschäftsführer wird geprüft, deshalb: sehr schwierig! Zwei seriöse, angesehene Bankfachleute in Zeiten wie diesen zu finden, könnte zur größten Hürde einer geplanten Bankgründung werden!

[] **Das Risikomanagement** *Marktrisiken, operationelle Risiken, Liquiditätsrisiken und Adressenausfallrisiken (wenn die Leistung eines Vertragspartners ausfällt) müssen in einem Plan berücksichtigt werden. Auch geschenkt! Wie die aktuelle Bankenkrise zeigt, hat sich um diesen Punkt in den vergangenen Jahren kein Mensch geschert!*

Der Rest erklärt sich eigentlich von selbst: das Geld der Kunden in unsäglich riskante Geschäfte investieren, exorbitant hohe Gehälter und Bonuszahlungen abkassieren und, wenn das Geldhaus im Eimer ist, sich auf den Bankenrettungsplan verlassen. Der Staat wird im Zweifel den Karren aus dem Dreck ziehen!

Ein Frankfurter Bankexperte erklärt:

Die brutalste Spekulation

»Den größten Gewinn kann man noch immer mit sogenannten Leerverkäufen machen. Beispiel: Eine Aktie ist 100 Euro wert. Man verkauft eine Million Aktien zu insgesamt 100 Millionen Euro. Da auf einen Schlag derart viele Aktien auf den Markt kommen, fällt der Kurs auf 50 Euro. Am nächsten Tag kauft man eine Million Aktien zu 50 Millionen zurück und hat 50 Millionen verdient. In den USA sind Geschäfte dieser Art naturgemäß kein Problem – in Deutschland muss man sich bei Leergeschäften die Aktien, die man verkaufen will, ohne sie zu besitzen, leihen und eine Leihgebühr bezahlen. Die Verluste, die man bei solchen Geschäften machen kann, sind allerdings auch nach oben offen.«

Der schmutzigste Trick von Bankberatern

»Bei geschlossenen Fonds, beispielsweise Schiffsfonds, kassiert der Berater bis zu 20 Prozent Provision – 15 Prozent von der Fondsgesellschaft und weitere 5 Prozent vom Kunden. Der weiß natürlich nichts von den 15 Prozent, die der Berater einstreicht, und freut sich diebisch, wenn er diesen von 5 auf 2 Prozent Provision herunterhandeln kann. Der Kunde glaubt, ein tolles Geschäft gemacht zu haben – der Berater freut sich anstelle von 20 auch über 17 Prozent. Was der Kunde auch nicht weiß: Hat der Berater diesen Fonds nun empfohlen, weil er gut für den Kunden oder gut für den Berater ist?«

Kontoeröffnung ohne Personalausweis

»Das funktioniert nur bei einem Sparkonto. Das allerdings wird nicht selten – unter falschem Namen – gemacht, um dann Schwarzgelder auf dieses Konto einzuzahlen. Der Staat bekommt dann in der Regel von diesem Geld nichts mit. Und ab.«

Schwarzgeldanlage

»Bei Einzahlungen, die höher als 15.000 Euro sind, passen die Bank und auch der Gesetzgeber besonders auf. Nicht so, wenn die Beträge gestückelt auf mehrere Filialen verteilt einbezahlt werden. Bei höheren Beträgen böte sich die Eröffnung einer Pizzeria an …«

Wie Geld gewaschen wird

»Das probateste Mittel, Schwarzgeld zu waschen, ist noch immer die Eröffnung eines Restaurants. Man beachte Pizzerias, die dauerhaft ohne Gäste sind und dennoch über Jahre geöffnet bleiben. Der Umsatz liegt bei 1.000 Euro pro Tag, gebucht werden aber 20.000 Euro. Das Geld wird offiziell versteuert und ist frisch gewaschen wieder im Umlauf. Für den Geldwäscher ist es im Zweifel angenehmer, Steuern zu bezahlen und somit das gewaschene Geld einsetzen zu können, als auf Geld zu sitzen, das er eigentlich nicht haben dürfte.«

Wie Banken betrogen werden

»Die beliebteste Methode, eine Bank zu betrügen, ist der Kreditantrag mit einer gefälschten Gehaltsabrechnung. Dafür ist keine Urkundenfälscherausbildung nötig. Der Kunde bekommt seinen Kredit, den er natürlich mit seinem Minigehalt nie bekommen hätte und schon gar nicht abbezahlen könnte. Das Geld wandert ins Ausland, die private Insolvenz wird angemeldet – nach sechs Jahren ist der Kunde schuldenfrei. Wenn er in der Zeit Hartz IV beziehen sollte – unangreifbar!«

Die legale Geldanlage im Ausland

»Jedes Land hat seine Freibeträge. In den USA darf man beispielsweise 10.000 Dollar pro Jahr verdienen, ohne dass der deutsche Staat Meldung bekommt. Und ohne Steuerpflicht in den USA. Gut international verteilt, kann das Geld also ganz legal arbeiten…«

Das Bankgeheimnis

»Obwohl es im Frühjahr 2009 gewackelt hat, nachdem die Schweiz den USA Auskunft über einige Bankkunden erteilt hat, gilt das Schweizer Bankgeheimnis in Fachkreisen immer noch als das sicherste. Alternativ: die Kaimaninseln. Briefkastenfirmen lassen sich noch immer am unproblematischsten in Monaco und Liechtenstein eröffnen. Dort gilt noch immer: Bloß nicht zu viele Fragen!«

Die Liechtenstein-Stiftung und andere illegale Steuertricks

Die Steueroasen

Das sind Staaten oder Gebiete, die ausgesprochen niedrige Steuersätze haben und so für Anleger aus Ländern mit höheren Steuern interessant sind, da sie überdies in den meisten Fällen das sogenannte Steuergeheimnis bewahren.

Die beliebtesten Steueroasen weltweit

[] **Die Bermudas** *keine Körperschafts- und keine Einkommenssteuer. Keine Quellsteuer. Zinseinkünfte von EU-Bürgern werden nicht automatisch an den heimischen Fiskus gemeldet.*

[] **Die Bahamas** *keine Körperschaftssteuer, dafür ein funktionierendes Bankgeheimnis.*

[] **Gibraltar** *mehr Briefkastenfirmen als Einwohner. Ein Viertel des Bruttoinlandproduktes erwirtschaftet Gibraltar mit Offshore-Firmen. Steuerbefreite Firmen aus dem Ausland* *zahlen einen festen Jahressteuersatz zwischen 350 und 500 Euro, Zinserträge von Privatleuten meldet Gibraltar seit 2005 jedoch an die heimischen Finanzbehörden.*

[] **Andorra** *Ausländer müssen weder Unternehmenserträge noch Aktiengewinne versteuern. Aber: anonyme Quellensteuer in Höhe von 15 Prozent auf Sparzinsen von Privatleuten. Der Einkommenssteuersatz liegt bei null, der Spitzensteuersatz bei der Einkommenssteuer auch.*

[] **Monaco** *Wer in dem Fürstentum einen Wohnsitz hat, zahlt keine Steuern auf Dividenden und Spekulationsgewinne. Ausländer bezahlen auf Sparzinsen 15 Prozent, Inländer nichts. Die Höhe des Einkommenssteuer-Spitzensatzes liegt bei null Prozent.*

[] **Schweiz** *Garantierter verfassungsrechtlicher Schutz von Bankdaten. Deutsche Privatleute bezahlen auf Zinserträge eine anonyme Steuer in Höhe von 15 Prozent, für Dividenden fallen 35 Prozent an.*

[] **Jersey** *Deutsche Bürger zahlen für Spekulationsgewinne und Dividenden, die über ein Konto auf der Insel erzielt werden, null Prozent, auf Sparzinsen anonyme 15 Prozent Quellensteuer, die zu 75 Prozent an Deutschland weitergereicht werden.*

[] **Luxemburg** *Das Herzogtum erhebt eine Quellensteuer in Höhe von 15 Prozent auf Sparzinsen natürlicher Personen, Spekulationsgewinne deutscher Bürger sind in Luxemburg steuerbefreit.*

[] **Isle of Man** *Ausländer bezahlen 15 Prozent anonyme Quellensteuer auf Zinserträge, Spekulationsgewinne und Dividenden sind frei.*

[] **Liechtenstein** *Hehres Grundrecht: Bewahrung des Bankgeheimnisses (meistens ...). Der maximale Ertragssteuersatz liegt bei 20 Prozent, ansonsten zwischen 7,5 und 15 Prozent (abhängig vom Verhältnis des Reinertrags zum Kapital). Spekulationsgewinne von Deutschen sind steuerfrei, in Liechtenstein ansässige Firmen oder Stiftungen zahlen keine Steuern auf Zinsen oder Dividende.*

[] **Hongkong** *Bankgeheimnis gewahrt! Keine Auskünfte über Zinsauskünfte von EU-Bürgern. Einkommen von Ausländern, die nicht in Hongkong erwirtschaftet wurden, sind steuerfrei.*

[] **Singapur** *Es gehen keine Informationen über EU-Bürger aus dem südostasiatischen Stadtstaat an die europäischen Behörden! Die Quellensteuer für im Ausland erwirtschaftete Erträge liegt bei null Prozent, Singapur ist für die Gründung von steuergünstigen Stiftungen sehr offen.*

Nebenbei bemerkt: In Deutschland liegt ab 1. Januar 2009 beispielsweise der Steuersatz für Kapitalerträge, die sogenannte Abgeltungssteuer, pauschal bei 25 Prozent plus 5,5 Prozent Solidaritätszuschlag und gegebenenfalls Kirchensteuer.

Die Liechtenstein-Stiftung

In Deutschland sind nur jene Stiftungen steuerlich begünstigt, die einem fest definierten gemeinnützigen Zweck zugutekommen. Das finden viele Menschen blöd und eröffnen stattdessen ihre Stiftungen in Liechtenstein. Denn dort sind auch jene Stiftungen weitgehend von der Steuer befreit, deren »gemeinnütziger« Zweck deutlich weiter gefasst ist – die Erträge also dem Stifter selbst oder dessen Familie zufließen. Hierbei fällt keine Vermögens-, Erwerbs- oder Ertragssteuer an.

Warum Liechtenstein?

- *keine Devisenkontrolle*
- *keine fiskalischen Auslieferungsabkommen*
- *keine politischen Risiken*
- *keine Erbschaftssteuer*
- *keine behördliche Aufsicht*
- *keine Buchführungspflicht, wenn die Stiftung kein Gewerbe betreibt*
- *Stiftungen zahlen lediglich eine Kapitalsteuer auf das ausgewiesene Kapital in Höhe von 1 Promille (bei bis zu 2 Mio. Franken).*

Wer eine steuergünstige Stiftung in Liechtenstein gründen möchte, muss zunächst aber verschiedene Hürden nehmen. Ein Unternehmer aus Nordrhein-Westfalen, selbst Gründer einer Stiftung in dem Alpenfürstentum, erklärt die aufwendige Prozedur:

»Das Vermögen muss von Deutschland aus über die Grenze in das Fürstentum gebracht werden. Das Geld offiziell dem Zoll zu melden wäre die denkbar schlechteste Alternative, denn dann müssten die Stiftungserträge dem heimischen Finanzamt gemeldet werden – und genau dafür sind sie ja nicht gedacht. Noch ungeschickter: die Überweisung vom deutschen Konto, dann sind die Finanzbehörden sofort zur Stelle. Dabei gibt es doch andere Wege:

› *die grüne Grenze als Wanderer überschreiten.*

› *der Weg über die Autobahn als vorgeschobener Ski- oder Wanderurlaub getarnt. Hierbei gilt es aber zu beachten, dass so etwas tatsächlich authentisch wirken sollte, also mit kompletter Ausrüstung (Ski, Stöcke, Schuhe, Rucksack, Proviant und Buchungsunterlagen). Aber Vorsicht: Die Grenzbeamten verfügen über ein geschultes Auge und haben schon in einem Wanderstock versteckte 70.000 Euro Bargeld entdeckt!*

› *Ein Kardinalfehler bei der Verbringung von Kapital nach Liechtenstein ist häufig die Unfähigkeit der künftigen Stifter, sich wenigstens einmal in Bescheidenheit zu üben. Wer glaubt, er könne mit seinem Porsche Cayenne oder seiner 600er S-Klasse einigermaßen unbehelligt die Grenze passieren, täuscht sich gewaltig. Warum nicht einmal in einem gebrauchten Opel Vectra in die Skiferien fahren?*

› *Den Liechtensteiner Geldtransporter soll es auch geben, der diese Dienstleistung ab größeren Beträgen selbst übernimmt.*

Das Geld wird bei diesen Touren häufig in Hotels eingesammelt und dabei dann als legale Devisenzufuhr in die Schweiz abgewickelt.«

Allgemein gilt: »Übermüdete Menschen schmuggeln cooler! Wer richtig müde ist, lässt sich im Zweifel auch nicht von einem Zollbeamten aus der Fassung bringen. Angstschweiß, Zittern, aufgerissene Augen bei bohrenden Fragen lassen sich mit einem vernünftigen Schlafmangel besser vermeiden«, sagt der Pensionär Winfried H., der sein gesamtes Vermögen in Liechtenstein und im Kleinwalsertal arbeiten lässt.

Schritt 2: Die Verschleierung

»Werden die in Liechtenstein erarbeiteten Zinserträge in Deutschland versteuert, gibt es keine Einwände vom Finanzamt. Doch auch dies ist nicht im Sinne vieler Stifter. Deshalb geben sie ihren Stiftungen Namen, die auf den ersten und zweiten Blick natürlich nicht mit dem deutschen Gründer in Zusammenhang gebracht werden können. Die Stiftung des ehemaligen Postchefs Klaus Zumwinkel beispielsweise hieß ›Devotion Family Foundation‹, eine Stiftung also, die der wörtlichen Übersetzung nach auf Treue und Hingabe schließen ließ. Die Verwaltung muss dann natürlich ein Treuhänder übernehmen.«

Schritt 3: Die Gründung der Stiftung

»Ist das Geld einmal im Fürstentum angekommen, ist der schwierigste Teil dieser Operation erledigt. Es steht der Besuch bei einem Treuhänder an, der von nun an die Hauptarbeit übernehmen wird.

Die wichtigste Frage hierbei: Welcher Art soll die Stiftung denn sein? Hierüber gibt zum Beispiel die liechtensteinische Treuhandanstalt Juricon oder www.london-consulting.org dezidiert Auskunft. Die in Deutschland beliebteste Variante ist die sogenannte kontrollierte Stiftung. Zur Gründung genügen 30.000 Schweizer Franken Kapital, wobei der Stifter (der Investor) die absolute Kontrolle über die Stiftung behält. Der Geldgeber unterhält zwar nach außen hin einen geschäftsführenden Stiftungsrat, ein Mandatsvertrag zwischen Treuhänder und Stifter selbst regelt jedoch die Kontrollkraft des Geldgebers. Die Auswahl des zweiköpfigen Stiftungsrates obliegt vollständig dem Investor, wobei er nur zu beachten hat, dass einer der Räte seinen Wohnsitz in Liechtenstein haben muss – hier also kommen der Treuhänder und einer seiner Mitarbeiter ins Spiel.«

Schritt 4: Die Statuten der Stiftung

»Was anderes könnte der Zweck einer Liechtenstein-Stiftung sein als die Vermehrung von Geld, die Verwaltung von Vermögen und die Regelungen zur Auflösung der Stiftung? Dann wird noch der Begünstigte dieser Stiftung festgelegt – das ist der Investor – und in einer Urkunde beglaubigt, und fertig ist die privatnützige Stiftung.«

»Der einzige Schwachpunkt in dem ›System Liechtenstein-Stiftung‹ ist der Mensch. Im Fall Zumwinkel und vieler anderer ›Stifter‹ in Gestalt des ehemaligen Mitarbeiters der Liechtensteiner LGT-Bank Heinrich Kieber. Der hatte mehr als 4500 brisante Bankkundendaten für geschätzte 4,2 Millionen Euro an den deutschen Bundesnachrichtendienst (BND) verkauft und wurde daraufhin von der deutschen Behörde mit einer neuen Identität ausgestattet. Allerdings ist anzunehmen, dass es noch andere Quellen gab, schließlich wurde Kieber nach einem ersten Versuch, die LGT mit gestohlenen Datensätzen zu erpressen, im Jahr 2002 entlassen. Seine auf DVD gebrannten Bankdaten reichten aber bis in das Jahr 2005. Mein Glück! Ich wurde erst im Jahr 2006 zu einem Liechtensteiner Stifter…«

Für die Bundesrepublik Deutschland hat sich der DVD-Kauf übrigens gelohnt. Mehr als 500 Steuerhinterzieher haben sich nach dem Bekanntwerden des BND-Deals selbst angezeigt. Nachzahlungen in Höhe von etwa 250 Millionen Euro sind daraufhin bereits bei den Finanzbehörden eingegangen. Denn klar ist: Hierbei handelt es sich um Steuerhinterziehung, und die ist in Deutschland nach Paragraf 370 Abgabenordnung selbstverständlich verboten und wird mit einer Freiheitsstrafe von bis zu zehn Jahren Haft oder einer Geldstrafe belegt. Die Verjährungsfrist ist jedoch vergleichsweise kurz und liegt bei nur fünf Jahren, was die Staatsanwaltschaft auch im Fall des Klaus Zumwinkel mit großer Bestürzung feststellen musste.

[] **Längerer Arbeitsweg** *Um die Werbungskosten zu erhöhen, bescheißen Arbeitnehmer bei der Kilometerzahl zwischen Wohnung und Arbeitsplatz. Es könnte sich ja auch um einen zeitsparenden Umweg handeln.*

[] **Wohnung als Büro** *Betrüger mieten ihre Wohnung mit einem gewerblichen Mietvertrag und setzen sie voll ab. Die Familie melden sie bei den Eltern oder Verwandten an.*

[] **Scheinbewerbungen** *Der Fiskus akzeptiert Bewerbungskosten auch für Bewerbungen, die nicht erfolgreich waren. Manche Arbeitnehmer machen deshalb Kosten für nie abgeschickte Bewerbungen geltend. Das Finanzamt akzeptiert 10–15 Euro pro Bewerbung. Zusätzlich können Reisekosten für die Bewerbungsgespräche entstehen.*

[] **Falsche Quittungen** *Spesenbetrüger sammeln Quittungen: Die Restaurantquittung vom Nachbartisch, die Tankquittung, die der Kunde zuvor hat liegen lassen, Buchquittungen von anderen Kunden, ein Beleg, den sie im Möbelhaus entdeckt haben – und dann setzen sie alles ab. Es werden auch Belege bei eBay versteigert.*

Eigenheimbesitzer vermieten ihre Wohnung scheinbar an den Partner und wohnen selbst offiziell bei den Eltern, Freunden oder Verwandten. Nun können sie für das vermietete Objekt Schuldzinsen, Reparatur- und Renovierungskosten als Werbungskosten absetzen.

Betrugsversuche gegen die Justiz

Nichts wie weg!

Die wichtigsten Länder, die bei Strafsachen nicht an die Bundesrepublik ausliefern:

[] **Afghanistan** insgesamt vergleichsweise rechtsfrei und als Fluchtdomizil wenig einladend.

[] **China** derzeit kein Auslieferungsverkehr.

[] **Laos** kein Auslieferungsverkehr.

[] **Irak** bombensicher – was Auslieferungen angeht …

[] **Macau** auch hier derzeit kein Auslieferungsverkehr.

[] **Guatemala** kein Auslieferungsverkehr.

[] **Kuba** Warum eigentlich nicht? Was aber, wenn Fidel das Zeitliche segnet und die Amis zurückkehren?

[] **Liechtenstein** Eine Auslieferung wegen fiskalischer Vergehen findet naturgemäß nicht statt, aber eigentlich ist in dem Ländchen nur Platz für eine Briefkastenadresse vorhanden.

[] **Malaysia** derzeit kein Auslieferungsverkehr.

[] **Taiwan** liefern noch nicht aus, die Sache wird aber verhandelt.

[] **Iran** keine Auslieferung, aber schwierig, das erschwindelte Vermögen auszugeben – und die Geliebte muss Kopftuch tragen.

[] **Dschibuti** momentan kein Auslieferungsverkehr, aber will man da tatsächlich hin?

[] **Kirgisistan** im Winter saukalt – für Freunde des Hirtenlebens aber eine echte Alternative.

[] **Mongolei** kein Auslieferungsverkehr – dafür keine relevanten Shoppingcenter und Sterne-Lokale.

[] **Nordkorea** Aua! Nicht die erste Wahl für einen Fluchtpunkt. Und nebenbei: Die arbeiten doch an der Bombe!

[] **Kambodscha** Sprache schwierig, ansonsten schön und einigermaßen sicher.

[] **Jordanien** sicheres Pflaster, wenn man es mag ...

[] **Kasachstan** Die Deutschen sind weg, Auslieferungsverkehr findet auch nicht statt – man kann also wieder hin.

[] **Schweiz** Bei Steuerstrafsachen schalten die Eidgenossen auf stur – keine Auslieferung!

[] **Myanmar** kein Auslieferungsverkehr, aber irgendwie auch nicht das beliebteste Land, um unterzutauchen ...

[] **Turkmenistan** Warum überrascht uns das nicht?

[] **Monaco** Das Fürstentum lehnt – wer hätte das gedacht? – in fiskalischen Belangen Rechtshilfeersuchen ab.

[] **Tadschikistan** kein Auslieferungsverkehr im Moment. Der Haken: sehr dünnes Vertragshändlernetz für beliebte Marken wie Bentley, Aston Martin, Rolls-Royce und Maserati.

[] **Togo** Das Justizministerium schreibt: »EinAuslieferungsverkehrscheintnichtausgeschlossen.« Schade eigentlich.

[] **Usbekistan** einen angenehmen Aufenthalt!

[] **Vatikanstadt** kein Auslieferungsverkehr, aber leider fragwürdige Gewänder und eine geringe Frauenquote.

[] **Nigeria** Toll! Herrliches Land!

[] **Pakistan** Ja, klar! Dafür wird politisch für Spannung gesorgt.

[] **Somalia** zurzeit kein Auslieferungsverkehr, aber insgesamt entspricht die Versorgungslage nicht deutschen Standards.

[] **Malediven** Schön wär's! Die liefern aber leider aus!

Die Polizei hört mit

Die Ordnungshüter wissen, schon bevor sich jemand meldet, von welchem Anschluss aus angerufen wird. Bei Festnetzanschlüssen ist damit auch die Information, wo sich dieser Anschluss befindet, verbunden.

Bei Handys kommt es auch sofort zu einer automatischen Ortung des Standorts. Diese Ortung ist je nach geografischen Gegebenheiten bis auf einige 10 m genau (in Städten) oder sehr ungenau (bis zu einige km auf dem Land).

Die Rechte der Gefangenen

Im Gesetz selbst ist nur vorgeschrieben, dass Zellen »hinreichend Luftinhalt haben und für eine gesunde Lebensführung ausreichend mit Heizung, Lüftung, Boden- und Fensterfläche ausgestattet« sein müssen (§ 144 Abs. 1 S.2 StVollzG). Einzelheiten sollten vom Bundesministerium der Justiz in Form einer Rechtsverordnung erlassen werden (§ 144 Abs.2 StVollzG), was aber nie erfolgt ist! Die Rechtsprechung hat festgestellt, dass die Unterbringung von zwei Gefangenen auf nur 8 qm rechtswidrig ist.

Welche Rechte hat man als Strafgefangener:

- *Recht auf Schriftwechsel*
- *Gelegenheit zum Einkaufen*
- *Krankenpflege*
- *täglicher Aufenthalt im Freien*
- *Besuchsrecht*
- *Freistellung von der Arbeit unter Fortzahlung des Arbeitsentgelts*
- *Recht auf Einrichtung des Wohnraums (Radio, Tagesdecke etc.)*
- *Beachtung des Persönlichkeitsrechts bei Erstellung des Vollzugsplans*
- *keine Kontrolle von Verteidigerpost und von Notizen, welche der Verteidigung dienen*
- *Beachtung der Interessen bei einer Verlegung*
- *Pflichtverteidiger bei einer Anhörung durch die Strafvollstreckungskammer. Bei jedem Disziplinarverfahren kann der Gefangene einen Eilantrag an die Strafvollstreckungskammer stellen.*

20 wertvolle Rechtstipps

[1.] Der Tatbestand des Mundraubs wurde bereits 1976 abgeschafft. Wer Lebensmittel klaut, auch wenn er Hunger hat, macht sich des Diebstahls strafbar.

[2.] Wer zu viel Wechselgeld bekommt und es behält, macht sich in den meisten Fällen nicht strafbar.

[3.] Strafbar ist Schwarzfahren erst dann, wenn man sich die Beförderung erschleicht. Wer ein T-Shirt trägt, auf dem steht: »Achtung, ich fahre ohne Fahrschein«, kann vermutlich nicht belangt werden.

[4.] Der Konsum von Betäubungsmitteln steht nicht unter Strafe, sondern nur der Besitz. Wer an einem Joint zieht, macht sich womöglich nicht strafbar.

[5.] Der Ehemann muss seiner Frau nach einer Scheidung nichts von dem Vermögen abgeben, das ihm bereits vor der Ehe gehört hat. Geteilt wird nur der Zugewinn während der Ehezeit.

[6.] Jeder haftet für seine Schulden. Die gemeinsame Wohnung kann nicht zwangsversteigert werden, wenn einer der beiden Ehegatten Schulden angehäuft hat.

[7.] Die Freundin kann ihre Geschenke unter bestimmten Umständen widerrufen, wenn man ihr untreu wird. Geschenke können zurückgefordert werden, wenn grober Undank vorliegt. Auch wenn der Schenker verarmt, darf er sein Geschenk zehn Jahre zurückfordern.

[8.] Die Kassiererin hat keinen juristischen Anspruch darauf, die Tasche zu kontrollieren. Sollte sie den Kunden dazu zwingen, würde sie sich sogar der Nötigung strafbar machen.

[9.] Man darf seine Getränke auch ins Fitnessstudio mitbringen, auch wenn überall Schilder hängen, dass mitgebrachte Getränke verboten sind. Diese Klausel ist nämlich ungültig.

[10.] Der Letzte muss die Zeche im Restaurant nicht bezahlen, wenn noch manche Speisen oder Getränke offen sind und schon ein paar Leute gegangen sind.

[11.] Den Straftatbestand »Zechprellen« gibt es nicht: Es ist grundsätzlich möglich, ein Lokal zu verlassen und nicht zu bezahlen. Etwa wenn man mit der Qualität des Essens nicht einverstanden war und sich mit dem Wirt nicht über eine Zahlung einig geworden ist. Wenn man als Gast seine persönlichen Daten hinterlässt, dürfte auch die eventuell gerufene Polizei nicht auf der Seite des Wirts eingreifen.

[12.] Gastwirte haften auch dann für die Garderobe, wenn die Garderobe an einem Ort angebracht ist, den man nicht einsehen kann. Selbst dann, wenn das Schild »Für Garderobe keine Haftung« angebracht ist.

[13.] Aushilfen mit festem Entgelt, die weisungsgebunden sind, haben auch einen Urlaubsanspruch und das Recht auf Fortzahlung des Lohns im Krankheitsfall. Im Falle einer Kündi-gung besitzen sie denselben Kündigungsschutz wie ein fester Arbeitnehmer.

[14.] Es kann auch wegen Krankheit gekündigt werden, wenn eine »erhebliche Beeinträchtigung der betrieblichen Interessen« vorliegt.

[15.] Die Klauseln im Arbeitsvertrag, nach denen Nebenjobs verboten sind oder erst einer Genehmigung bedürfen, sind meist ungültig. Ein Nebenjob ist erlaubt, wenn er dem Betrieb keine Konkurrenz macht und die Arbeit nicht erheblich beeinträchtigt.

[16.] Wenn man ein mangelhaftes Produkt zum Verkäufer zurückbringt, wird man häufig damit belästigt, dass die Ware zum Hersteller eingeschickt wird und nun oft wochenlang nicht zur Verfügung steht. Es haftet jedoch der Verkäufer, er muss also auch ein Ersatzgerät zur Verfügung stellen.

[17.] Wenn zwei Reparaturversuche misslingen, kann man sich als Käufer entscheiden: Entweder man verlangt das Geld komplett zurück, oder man behält die Ware und mindert den Kaufpreis entsprechend.

[18.] Beim Reißverschlussverfahren müssen die Autofahrer so nah wie möglich ans Hindernis heranfahren und erst dann die Spur wechseln. Wer ein anderes Fahrzeug nicht einfädeln lässt, begeht eine Nötigung.

[19.] Hupe und Lichthupe sind außerhalb geschlossener Ortschaften ein legales Mittel, um eine Überholabsicht anzukündigen.

[20.] Kurz nach dem Ortsanfang sind Geschwindigkeitskontrollen durch verschiedene Gerichte als nicht verwertbar eingestuft worden. Für den Ortsausgang gilt das nicht.

Der perfekte Seitensprung

Fast alle gehen fremd

Schätzungen und Umfragen zufolge sind bis zu 50% aller Männer und Frauen zwischen 25 und 55 Jahren schon einmal fremdgegangen. Nun ließe sich sagen: Gut, wenn es eh die meisten machen, kann es ja nicht so verkehrt sein. Leider sehen das die betrogenen Partner nicht so großzügig – Partnerschaften scheitern, Ehen werden geschieden, und am Ende bleiben Beziehungstrümmerfelder mit zum Teil katastrophalen emotionalen und finanziellen Folgen.
Die Konsequenz: Ein Seitensprung sollte mindestens so generalstabsmäßig geplant sein wie ein groß angelegter Steuerbetrug – also etwa eine illegale Liechtenstein-Stiftung oder ein Schwarzgeldkonto in Übersee.

Wer dauerhaft fremdgehen möchte, ohne von seinem Partner dabei erwischt zu werden, sollte folgende Punkte beherzigen:

Der Kreis der Eingeweihten

Muss auf ein Minimum begrenzt sein. Es liegt zwar in der Natur des Seitensprungs, dass man Freunde braucht, die einem den Rücken mit

Alibis freihalten, aber: Die Mitwisserschaft belastet nicht selten den Freundeskreis. Sie fühlen sich mitschuldig, bekommen ein schlechtes Gewissen – »alle wissen von der Sache, nur die Betrogene nicht«. Außerdem muss der Freund, der ein Alibi gibt, eventuell seine eigene Partnerin anlügen, oder er erzählt ihr von der ganzen Geschichte, und schon schleichen sich potenzielle Schwachpunkte in das System ein. Potenzielle Fehlerquellen sind: Es verplappert sich jemand, oder – noch schlimmer – einer oder mehrere werden von ihrem schlechten Gewissen aufgefressen und packen irgendwann aus.

Die Auswahl der Mitwisser

Die beste Freundin ist nicht immer die perfekte Alibigeberin, da sie nicht selten auch ein gutes Verhältnis zum Partner hat. Das sicherste Alibi kommt von jemandem, den der Partner entweder nicht gut genug kennt, dessen Telefonnummer er im Zweifel nicht zur Hand hat oder den er nicht besonders gut leiden kann. Somit sinkt die Gefahr eines Kontrollanrufes beim Alibi, wenn der Partner Verdacht schöpfen sollte.

Die optimalen Freiräume

Menschen, die jahrelang einen festen, verlässlichen Tagesablauf haben und plötzlich aus diesem Raster ausbrechen, fallen grundsätzlich auf. Nur wer sich regelmäßig mit Freunden und Bekannten trifft oder zum Sport geht, kann seine Seitensprünge einigermaßen vernünftig und plausibel in den Tagesrhythmus einbauen. Gleiches gilt für die überraschenden Überstunden im Büro. Die ersten Abende, an denen man später nach Hause kommt, sollten auch tatsächlich am Arbeitsplatz verbracht werden. Wenn eine Frau ihren Partner mehrfach tatsächlich nach 20 Uhr im Büro telefonisch erreicht hat, wird sie ihr Misstrauen sehr bald begraben.

Das neue Hobby

Sport sollte unabhängig von Vereinen verübt werden. Dort gibt es feste Trainingszeiten, die überprüft werden können, und Clubkameraden, die der betrogene Partner eines Tages vielleicht befragt. Volkshochschulkurse indes sind bei Fremdgehern sehr beliebt, weil sie unauffällig wirken und häufig abends stattfinden.

Der neue Stil

Ein fataler Fehler. Wer plötzlich neu duftet, sich besser pflegt und schöner kleidet, fällt auf. Entweder so bleiben wie immer oder die Stiländerung deutlich früher einleiten.

Die notwendigen Zwischenstopps

Personen, die ein Alibi geben, sollten regelmäßig wirklich getroffen werden. Möglichst an einem Ort, an dem man auch mal gesehen wird. Gut möglich, dass der misstrauische Gatte darauf angesprochen wird: »Gestern habe ich deine Frau mit Arbeitskollegen zusammen gesehen …« So etwas beruhigt den Partner ungemein.

Das Briefing

Mitwisser müssen unbedingt mitwissen! Kein Fremdgeher darf darauf vertrauen, dass sein Alibi immer mitspielt. Vor jedem geheimen Treffen mit einer Affäre muss die Rückendeckung erneut festgezurrt werden.

Das richtige Maß

Maßhalten ist eines der Grundprinzipien vom sicheren Fremdgehen. Auch wenn das Verlangen groß ist, höchstens einmal die Woche – noch besser nur alle zwei Wochen – ein Schäferstündchen eingelegt, fällt weniger auf und hält überdies die Affäre auf Höchsttemperatur.

Die Jagdgründe

Je näher eine Affäre an das persönliche Umfeld heranreicht, umso größer die Gefahr eines Auffliegens. Fremdgeher sollten nie im gemeinsamen Freundes- oder Bekanntenkreis wildern – und wenn die Versuchung noch so groß sein sollte. So etwas scheitert in 99 von 100 Fällen und führt nicht nur zu einem Bruch der Beziehung, sondern kostet auch Freundschaften.

Das Handy

Eine der gefährlichsten Fallen eines soliden Seitensprungmanagements ist das Mobiltelefon. Dort warten der »SMS-Eingang«, »Gesendete Nachrichten«, »Gewählte Rufnummern«, »Angenommene Anrufe«, »Anrufe in Abwesenheit« und das persönliche Telefonbuch nur darauf, von einem aufgeweckten Partner kontrolliert zu werden. Das Mobiltelefon eines Fremdgehers muss so sauber sein wie das eines Doppelagenten: Keine Spuren! Eine tägliche Pflege aller potenziellen Handyfallen ist für eine sichere Affäre unerlässlich. Aber Vorsicht: Nicht die gesamten Anruflisten löschen! Auch das ist verdächtig. Nur punktuell und gezielt Anrufe und Nummern löschen. Ganz schlaue Köpfe speichern die Nummer ihrer Geliebten beispielsweise unter einem Decknamen: »Notrufzentrale«, »Volksbank« oder »ADAC«.

Eine dumme Idee, denn Notrufzentralen, Verkehrsclubs oder Banken schicken nachts keine Kurzmitteilungen, und sie rufen auch nicht an. Besser sind Namen von angeblichen Geschäftskontakten oder der eines alten Schulfreundes, der aus verschiedenen Gründen nicht mehr anrufen wird. Echte Seitensprungprofis speichern die fraglichen Nummern gar nicht erst ab, sondern lernen sie ganz einfach auswendig. Und dass die Handyrechnung keinen Einzelverbindungsnachweis haben sollte, muss auch klar sein.

Das Zweithandy

Die beste Telefonlösung: Handy- und Festnetznummer bleiben für die Affäre unbekannt. Alle eingehenden Anrufe und SMS laufen auf einem Prepaid-Handy ein, das selbstverständlich für den Partner unsichtbar bleiben muss.

Die Hotel- und Restaurantrechnung

Wer für seine gelegentlichen Seitensprünge auf Hotelzimmer ausweichen muss oder mit seiner Geliebten Wert auf gepflegte Restaurantbesuche legt, sollte naturgemäß nur mit Bargeld bezahlen. Kontoauszüge oder Kreditkartenabrechnungen verzeihen nichts.

Die Dienstreise

Das Geschäftsmeeting über ein Wochenende ist ein beliebter Vorwand, um einmal für mehr als nur ein paar Stunden aus dem Alltag auszubrechen. Gefährlich wird es dann, wenn solche Affärenausflüge mit völlig unnötigen sportlichen Aktivitäten kombiniert werden: Skifahren in der Schweiz, Klettern in Bayern, Segeln auf der Ostsee. Zu dumm, wer mit einem gebrochenen Bein oder einem Bänderriss von einer Vertretertagung heimkehrt. Eine Affäre ist keine Zweitbeziehung, in der es um Sport, Geist oder Kultur geht, und sollte auf das Hotelzimmer oder Ferienhäuschen beschränkt bleiben.

Die Gesetzestreue

Es ist ein ungeschriebenes Gesetz: Fremdgeher müssen darauf achten, keine Spuren zu hinterlassen. Dazu gehört auch der Umgang mit dem Auto. Rote Ampeln, Radarfallen oder Falschparkerknöllchen drohen an jeder Ecke. Deshalb: Wer fremdgeht, darf sich keinerlei Verkehrsverstöße leisten, sonst ist das Abenteuer schnell vorbei.

Die Sexpraktiken

Dürfen ausgefallen sein, sollten aber keine Spuren hinterlassen. Hässliche Kratz- oder Beißwunden sind zu Hause schwer vermittelbar.

Die neuen Stellungen

Während einer heißen Affäre neu ausprobierte Sexstellungen sollten zu Hause im Bett nicht an den Partner weitergegeben werden, sofern man in den Jahren zuvor eher wertkonservativ geliebt hat.

Die Körperpflege

Nichts ist peinlicher, als bei der nächtlichen Heimkehr von einem Schäferstündchen zu Hause vom Partner gestellt zu werden. Die Haupt-fehlerquelle: fremde Gerüche! Es ist unvermeidbar, dass ein Fremdgeher vor der Heimfahrt noch einmal duscht – und zwar ohne Seife,

Duschbad oder Shampoo. Nur mit Wasser! Und: Die Affäre sollte einigermaßen geruchsneutral sein. Kein auffälliges Parfüm oder Deodorant. So was hängt fast unlöschbar in der Kleidung. Und gerade Frauen verfügen über einen ausgeprägten Geruchssinn, misstrauische ohnehin. Wer in solchen Momenten nach fremdem Duschbad oder unbekanntem Parfüm riechend erwischt wird, ist fällig. Und: Kein Mensch kommt mit noch feuchten Haaren von der Arbeit nach Hause, außer vielleicht Bademeister...

Die Coolness

Wer fremdgeht, muss damit rechnen, irgendwann einmal vom Partner angesprochen zu werden. Unsichere Blicke, ausweichende Antworten und ein roter Kopf können alles auffliegen lassen, obwohl der Partner nur Vermutungen hat. Deshalb ruhig, souverän und cool bleiben.

Das Nach-Seitensprung-Verhalten

Wer nach einer Liaison mit Blumen nach Hause kommt, obwohl er das zuvor noch nie getan hat, weckt das Misstrauen der Partnerin. Ebenso zu viel Zuneigung, übertriebene Komplimente und dergleichen, die nur auf ein schlechtes Gewissen schließen lassen. Der sicherste Weg: Behandeln Sie Ihren Partner nach einem Seitensprung so schlecht wie immer. Oder natürlich so gut wie immer.

Die Liebesfalle

Nicht wenige triebgesteuerte Affären gleiten über in beziehungsähnliche Zustände. Aus den unverbindlichen Treffen werden dann Nebenbeziehungen, die nur in den seltensten Fällen noch kontrollierbar bleiben. Was dann folgt, kennt jeder aus Film und Fernsehen: Eifersuchtsdramen, Telefonterror, Drohungen – das »klärende« Gespräch zwischen der Gattin und der Geliebten. Am vorteilhaftesten sind grundsätzlich Affären mit Menschen, die selbst gebunden sind und ihre Beziehung auch nicht opfern wollen. Gefährlich werden Seitensprünge immer dann, wenn sie in paarähnliche Verhaltensmuster abgleiten: Ausflüge, Restaurant- und Konzertbesuche, Treffen mit Bekannten. Einer der beiden wird alsbald feststellen, dass hinter der Liaison doch mehr steckt. Und dann nimmt das Unheil in der Regel seinen Lauf. Deshalb: kurze, intensive Seitensprünge ohne Alltagsverdacht!

Die totale Kontrolle des Partners

Die besten Methoden

Die Fragen stellen sich irgendwann in einer Beziehung: Ist mein Partner noch treu? Hat er heute Abend tatsächlich ein Firmenmeeting, oder bespricht er ganz andere, gleichsam private Dinge mit seiner Sekretärin bei einem Glas Champagner – bei ihr zu Hause? Mit Problemstellungen dieser Art verdienen Privatdetektive seit Generationen ihren Lebensunterhalt. Doch die kleinen informativen Stichproben gehen seit einiger Zeit auch ohne die Mitarbeit zwielichtiger Privatschnüffler, die am Ende Stundensätze, Spesen und Fahrtkosten auflisten, die man kaum noch vor seinem Partner geheim halten kann.

Die Kinderortung

Das Suchwort der Stunde im Internet. Gut gemeinte, durchaus sinnvolle Dienste wie www.trackyourkid.de, die es besorgten Eltern ermöglicht, ab und an per Handyortung zu schauen, wo die Kleinen sich gerade herumtreiben. So was kostet um die 50 Euro pro Jahr und ist äußerst diskret. Die Kinder, die geortet werden, erhalten keine Informations-SMS, die ihnen mitteilt, dass sie gerade überprüft worden sind. Eine feine Sache, schließlich wollen besorgte Eltern vor ihren Kindern nicht als spießige Kontrollfreaks dastehen. Und schon gar nicht will das die misstrauische Ehefrau, die mit dieser Methode auf 250 Meter genau feststellen kann, ob ihr Kind sich im Büro im Westteil der Stadt aufhält oder zum Schäferstündchen in der City, ob er zu einer Tagung nach Hamburg gefahren ist oder zum Ausspannen nach Sylt.

Die Google-Ortung

Der zum Jahresbeginn 2009 von Google vorgestellte Dienst »Latitude« wurde geschaffen, damit Freunde und Verwandte – zum Spaß – einander via Handy lokalisieren können. Die Verwendungsbeispiele, die der Internetriese aufführt, sind unverfänglich und nett: Auf einer digitalen Landkarte kann man auf das Symbol eines Freundes klicken und ihn per SMS, E-Mail oder Chat kontaktieren, sich verabreden und sich die Wegbeschreibung des anderen über Google Maps auf das Mobiltelefon schicken lassen. Die Realität sieht zum Teil etwas anders aus: Ulrike N., eine Vertriebsassistentin aus Leverkusen, kontrolliert mit Google Latitude ihren Verlobten. Sie hat von zu Hause aus im Namen ihres künftigen Mannes einen Google-Account eröffnet und dann unter ihren eigenen Zugangsdaten ihren Partner zu »Latitude« eingeladen. Die Mail an ihren Verlobten hat sie sodann geöffnet und bestätigt, und schon ist der ahnungslose junge Mann an der Überwachungsleine. »Sicher, astrein ist das nicht, und mein Verlobter dürfte nie etwas davon erfahren. Aber so weiß ich nun wenigstens, ob mein künftiger Mann ehrlich zu mir ist.« Die Google-Lokalisierung basiert auf unterschiedlichen Datenquellen. Bei GPS-Handys holt sich Google den Standort der Zielperson über die Satellitenortung, ansonsten bedient man sich bei den Mobilfunknetzbetreibern. Die Zielgenauigkeit der Google-Ortung liegt bei maximal 200 Metern – also nur ein bisschen ungenauer als amerikanische Lenkpräzisionswaffen …

Der Digital Recorder

Sprachaufzeichnung von mehr als 500 Stunden für einen kommoden Preis von rund 150 Euro. Das Gerät ist klein, diskret und kann unauffällig platziert werden. Danach weiß man, mit wem der Partner heimlich telefoniert, sobald man kurz das Haus verlässt. Oder was im Schlafzimmer akustisch zu empfangen ist, während der Gatte für den Lebensunterhalt sorgt …

Der getarnte Digital Recorder

Sieht aus wie ein profaner Leder-Schlüsselanhänger, der beiläufig auf der Nachtkommode oder im Auto liegt. Das Gerät zeichnet bis zu 150 Stunden Audiomaterial auf und kostet knapp 500 Euro.

Die Babyphone-Wanze

Klingt harmlos, ist es aber nicht. Das winzig kleine Gerät wird vor das Telefon geschaltet. Wenn man die Rufnummer dieses Anschlusses wählt und einen Code eingibt, lässt sich unerkannt in den Raum horchen. Es ist doch klar, dass das Telefon nicht klingelt, schließlich will man das schlafende »Baby« ja nicht wecken.

GPS-Peilsender

Der Händlertext richtet sich selbstverständlich an besorgte Eltern, die von der Sorge, wo sich ihre Vorschulkinder gerade befinden könnten, aufgefressen werden. Das ca. 80 Gramm leichte Gerät (knapp 50 Euro) lässt sich unauffällig in der Schultasche (oder der Aktenmappe bzw. dem Autohandschuhfach) anbringen, es kann bis zu 100.000 Positionsmeldungen aufzeichnen, und natürlich kann man den Peilsender diskret anrufen, um in die Umgebung dieses Trackers hineinzulauschen ...

Die Überwachungskamera

Sieht aus wie ein Raumduftspender und ist bestechend scharf. Schon für knapp 250 Euro lassen sich bis zu 480 Minuten Bild oder Film aufzeichnen – gestartet mit einem Bewegungsmelder. Für das Gartenhäuschen beispielsweise, schreibt ein Internet-Händler für Alarm- und Raumüberwachungsgeräte.

Die Telefonüberwachung

Mit einem ISDN-Mitschnittgerät (ca. 600 Euro), das mit der Telefonanlage verbunden wird, lassen sich über eine USB-Verbindung auf dem PC mehrere hundert Stunden Gespräch aufzeichnen. Das System wurde natürlich für Notrufzentralen und Callcenter entwickelt, die zur Mitarbeiterschulung Gespräche aufzeichnen. Kurioserweise funktioniert das Gerät aber auch zu Hause ...

Der Gegenschlag

Wer sich vor diesem partnerschaftlichen Misstrauen schützen möchte, kann sich unter www.shop-alarm.de »zwei ehemalige Mitarbeiter des Militärischen Abschirmdienstes« buchen. Sie durchsuchen auf Wunsch sämtliche Räume auf Abhörtätigkeiten. Der Stundenlohn dieser Fachkräfte wird mit 96 Euro pro Person angegeben. Eine Beispielrechnung umfasst zwei Räume à 15 Quadratmeter und einen Raum zu ca. 25 Quadratmeter. Zehn Stunden kosten etwa 2.500 Euro netto. Ohne Fahrtkosten! Die belaufen sich auf 0,72 Euro je Kilometer.

Günstige Scheidung – wenig Unterhalt

Untreue kann teuer werden

Ein unaufgeklärter Mensch mag sich denken: Warum der ganze Aufwand um Treue oder Untreue – wenn eine Ehe geschieden wird, gilt seit 1977 das sogenannte Zerrüttungsprinzip. Nach Schuld und Untreue fragt seit jener Gesetzesänderung kein Mensch mehr. Falsch!

Es ist bis heute von Rechts wegen die Pflicht eines jeden Partners, die eheliche Treue einzuhalten. Wer also glaubt, er könne nach 1977 seine Ehe unbestraft durch aushäusige Liebesabenteuer aufwerten, sieht sich bitter getäuscht. Ein ordnungsliebender Staat wie die Bundesrepublik Deutschland will auch nach der Hochzeit Recht und Ordnung gewahrt sehen. Leistet sich also eine Frau einen Liebhaber, muss sie damit rechnen, dass ihr der Unterhalt vom gehörnten Gatten gekürzt oder vollständig gestrichen wird – im dümmsten Fall muss sie sogar noch die Kosten für den Privatdetektiv begleichen, der vom Gatten auf sie angesetzt wurde, und auf den Zugewinnausgleich verzichten.

Ein einmaliger Seitensprung reicht allerdings nicht. Erfreut sich die Gattin allerdings einer regelmäßigen außerehelichen Beziehung, kann das für sie teuer werden. Ob vor Gericht auch die Trackingkosten geltend gemacht werden können, bleibt noch abzuwarten. Was an dieser Stelle nicht verschwiegen werden sollte: Auch Männer sollten sich von Fall zu Fall an die eheliche Treue halten. §1353 BGB gilt auch für sie.

Bis zu einer abschließenden Entscheidung durch ein Familiengericht sollte ein betrogener Ehepartner entweder gar keinen Unterhalt bezahlen oder nur unter Vorbehalt. Juristen könnten sonst zu der Annahme kommen, man habe dem untreuen Partner möglicherweise verziehen, und dann ist man schnell unrettbar in der Unterhaltsfalle.

Keine Unterhaltspflicht bei Kurzehen

Eine Ehe, die weniger als zwei Jahre gehalten hat, gilt in der Regel als »kurz«, eine solche von mehr als drei Jahren hingegen nicht mehr. Das entschied der Bundesgerichtshof in seinem Urteil XII ZR 89/97 vom 27. Januar 1999.

Sogenannte Kurzehen können also von der Unterhaltspflicht ausgenommen werden. Stichtag für diese Rechnung ist übrigens die Eheschließung vor einem Standesbeamten. Die Dauer der Beziehung selbst zählt nicht, auch wenn die Partner vor der Hochzeit schon über Jahre hinweg zusammengelebt haben …

Keine Unterhaltspflicht bei Kuckuckskindern

Gehörnte Ehemänner dürfen sich bundesweit darauf verlassen können, dass ein sogenanntes Kuckuckskind die Unterhaltspflicht des Gatten in aller Regel ausschließt.

Die Zahlen über Kuckuckskinder gehen in Deutschland kräftig auseinander: Nach einer britischen Studie liegt die Rate bei 3,7 Prozent, was in der Bundesrepublik rund 25.000 Fälle ergeben würde. Die »Ärztezeitung« hingegen schätzt, dass jährlich zwischen 35.000 und 70.000 Kinder ihren »Vätern« untergeschoben werden. Ergo: Die Zahl der unterhaltslosen Frauen könnte also durchaus noch steigen.

Könnte! Das Thüringer Oberlandesgericht (OLG 1 WF 436/05) beispielsweise befand, dass »allein die Geburt eines nicht ehelichen Kindes während der Ehe noch nicht die Annahme schwerwiegenden Fehlverhaltens rechtfertigt«. Nun gut. Betrogene Männer sollten Thüringen eben einfach meiden …

Ehegattenunterhalt von den Erben

Was kaum einer weiß: Wenn der unterhaltspflichtige Exmann frühzeitig stirbt, kann die geschiedene Frau den ihr gerichtlich zugesprochenen Unterhalt von den Erben ihres ehemaligen Gatten einfordern. Ein Scheidungsanwalt dazu: »Die meisten resignieren in so einem Fall und fügen sich ihrem Schicksal. Dabei gibt es ein einfaches Rechenmodell: Zu prüfen ist, wie viel die Exgattin als Erbpflichtteil bekommen würde, wenn sie zum Zeitpunkt des Ablebens noch mit ihrem Mann verheiratet gewesen wäre. Hat sie bislang monatlich 250 Euro Unterhalt bekommen und stünden ihr aus dem Nachlass theoretisch 20.000 Euro zu, müssen die Erben weiterhin den Unterhalt überweisen – bis die 20.000 Euro ›Pflichtteil‹ erreicht worden sind.«

Unterhalt kürzen durch neue Ehe und Kinder

Das muss jeder selbst entscheiden, aber: Wer seiner Ex den monatlichen Unterhalt nicht gönnt, könnte auf legalem Wege das Geld kürzen, indem er eine neue Ehe eingeht und auf dem kurzen Dienstweg neue Kinder zeugt. Denn: Die neue Familie hat Vorrang! Wenn es mit dem monatlichen Budget eher knapp zugeht. Einen Mann, der 12.000 Euro im Monat nach Hause bringt, dürfte diese Regelung eher nicht entlasten. Bei 2.000 netto pro Monat allerdings wird durchaus darauf geschaut, dass die neue Familie finanziell über die Runden kommt. Und nicht die alte Ex…

- *Die Frau will mehr Unterhalt: und überredet ihren Exmann, mehr zu zahlen, weil er das dann von der Steuer absetzen kann. Was der Mann aber nicht weiß: Der ahnungslose Exmann muss nun auch die Steuern übernehmen, die die Frau durch den höheren Unterhalt mehr bezahlen muss. Ebenso die erhöhten Beiträge zur Sozialund Krankenversicherung der Dame. Das Ganze merkt der Gatte allerdings häufig erst nach einem Jahr, wenn er die Abrechnung bekommt.*

- *Der Mann will weniger Unterhalt: und zwar bezahlen! Das gelingt am besten, wenn der Mann bei der Scheidung vorschlägt, einen gemeinsamen Anwalt zu nehmen. Noch will man sich ja gütlich trennen, und damit spart man schließlich auch Geld. Dieser Anwalt rechnet selbstverständlich auch die Unterhaltsansprüche der Gemahlin aus. Und wenn Gatte und Anwalt sich einig sind, wird er diese Rechnung ganz im Sinne seines Mandanten gestalten.*

- *Noch weniger Unterhalt: Vor der Geltendmachung des Unterhalts lässt der Expartner das Vermögen verschwinden.*

- *Einer von beiden will die Scheidung nicht: soll ja vorkommen. Schlaue Männer spielen das unbedarfte Opfer und flehen ihre trennungswilligen Frauen an, doch wenigstens noch einmal die Woche die Wäsche zu bügeln. Weil der überforderte Mann das einfach nicht selbst kann. Der Clou: Eine Trennung liegt nicht vor, solange die Gattin noch wäscht oder bügelt. Somit fängt auch das Trennungsjahr nicht an. Und wo kein Trennungsjahr, da auch keine Scheidung. Gerne praktiziert wird auch die vorübergehende Versöhnung. Wenn ein getrennt lebendes Pärchen es noch einmal miteinander versucht und kurzfristig wieder zusammenzieht, gehen beide zurück auf Los. Das Trennungsjahr beginnt bei null.*

Was eine Scheidung kostet

Scheidungskosten sind vom sogenannten Gegenstandswert, bekannter unter dem Begriff Streitwert, abhängig. Der errechnet sich folgendermaßen: Das Nettoeinkommen beider Partner aus den vergangenen drei Monaten wird addiert, und in der Regel kommen noch 1000 Euro Versorgungsausgleich obendrauf. Beispiel: Der Mann hat 2.000 netto, die Frau 1.000 Euro netto pro Monat. Macht zusammen 10.000 Euro Streitwert. Zwei Anwälte werden zusammen etwa 3.000 Euro verlangen, die Gerichtskosten liegen bei rund 450 Euro. Macht für jeden ca. 1750 Euro Scheidungskosten.

Liebesabzocke im Internet

Die Flirtabzocke im Internet

Ein Insider offenbart, wie im Onlinedating und auf Flirtseiten betrogen wird:

[] **Das zweite Ich** *»Beginnen wir mit einem Ansatz, der wenig Fantasie erfordert: Was könnten Sie unternehmen, wenn die Männer bei einer Singlebörse nur gegen Geld kommunizieren dürfen, die Frauen aber umsonst? Richtig: Sie basteln sich ein tolles Männer- und zusätzlich ein Frauenprofil. Die Frauen, die Sie interessieren, schreiben Sie von Ihrem Frauenprofil aus an und verweisen auf Ihr Männerprofil.*
Dieser Trick entwickelte jedoch vor einiger Zeit eine dermaßen hohe Eigendynamik, dass die meisten Singlebörsen die Kommunikation von Frau zu Frau ebenfalls auf »kostenpflichtig« umstellten, um diesen Männertrick zu unterbinden. Aber bei einigen Portalen funktioniert er noch.«

[] **Das anonyme Ich** *»Waren und Dienstleistungen werden im Internet üblicherweise per Kreditkarte oder Online-Bezahl-*

systemen wie PayPal oder ClickandBuy etc. bezahlt. Das ist für alle Beteiligten ziemlich sicher, und es ergibt wenig Sinn zu tricksen. Zumal wenn es um etwas so Greifbares geht wie Bücher oder Reisen.
Beim Onlinedating ist die Dienstleistung aber rein virtuell: Sie erkaufen sich das Recht, auf irgendeiner Webseite bestimmte Funktionen zu nutzen. Das ist alles. Es gibt keinen physischen Kontakt, und der Anbieter dieser Dienstleistung weiß vom Kunden nichts – außer Ihrer (zweiten) E-Mail-Adresse und der Internetadresse des Rechners, von dem aus Sie seinen Service genutzt haben. Von einem Internetcafé aus und mit einer neuen kostenlosen E-Mail-Adresse ausgestattet, ist die Rückverfolgbarkeit gleich null.«

[] **Das Lastschriftverfahren** *»Der findige Onlinedatingbetrüger kann sich also darauf konzentrieren, das Zahlungssystem auszumanövrieren. Dazu muss er keine Hacker-Banden aus Russland kennen, die ihm Kreditkartendaten von ahnungslosen Ausspionierten zur Verfügung stellen. In Deutschland haben wir nämlich das aus Kundensicht sehr freundliche elektronische Lastschriftverfahren: Man erlaubt jemandem, Geld von seinem Konto einzuziehen. Im Internet wird beim Zahlungsvorgang meist nur geprüft, ob es das Konto gibt, manchmal auch, ob genügend Deckung vorhanden ist. Dann hat man sechs Wochen lang das Recht, diesen Bankeinzug stornieren zu lassen. Klar ist: In sieben von zehn Fällen merken meine Opfer nicht, dass ich einen Betrag zwischen 30 und 50 Euro eingezogen habe. So klein sollten die Beträge sein, damit das Ganze nicht auffällt.«*

[] **Die Stornierung** *Der Onlinedatingbetrüger bezahlt artig per Bankeinzug und nutzt die vollen Premium-Funktionen, nachdem der Mitgliedsbeitrag vom Konto abgebucht wurde und er die Freischaltung erhalten hat. Für sieben Wochen. Dann lässt er den Einzug von seiner Bank rückgängig machen. Das passiert wirklich häufig, gepaart mit Begründungen wie: »Ich habe mich nie eingeloggt«, »Es muss sich um einen Irrtum handeln«, »Die Technik hat nicht funktioniert« oder »War ich nicht«. Vor allem die kleineren Singlebörsen kümmern sich nicht darum und leben mit dem Schwund. Die größeren haben eigentlich alle ein Inkassounternehmen, das diese Fälle in einem automatisierten Verfahren übernimmt.*

Die Kosten, falls der Betrüger erwischt wird, können das Doppelte des eigentlichen Beitrags betragen. Weil die Singlebörse die Kontodaten kennt, ist die Wahrscheinlichkeit groß, dass man erwischt wird.«

[] **Die falsche Kontonummer** *»Beim Online-Lastschriftverfahren wird nur geprüft, ob es das Konto gibt, das man einträgt. Und vielleicht noch, ob genügend Geld drauf ist. Aber nicht, ob es Ihnen gehört. Ebenso könnte das Premium-Mitglied bei der Telekom, den Stadtwerken oder sonst wo abbuchen lassen …«*

[] **Der richtige Ausweis** *»Es gibt aber auch deutlich legalere Ansätze. Die Inhaber eines Presseausweises beispielsweise können diverse Singlebörsen kostenlos nutzen (www.pressekonditionen.de).«*

[] **Der richtige Ansatz** *»Ein anderer Weg ist, sich per E-Mail als Student bei der Marketingabteilung vorzustellen, der für eine Hausarbeit im Fach Psychologie den Erfolg verschiedener Onlineflirtstrategien austesten möchte und dafür eine kurzzeitige Premium-Umstellung seines Profils benötigt. 4 Wochen sollten genügen, Sie schicken später gerne Ihre Untersuchungsergebnisse.«*

[] **Das richtige Land** *»International tätige Singlebörsen verfügen über weltweite Mitgliederdatenbanken und erobern permanent neue Länder. Wenn zum Beispiel FriendScout24 in Portugal seine Webseite launcht, können die neuen User den Service zunächst kostenlos nutzen – so lange, bis FriendScout24 genügend portugiesische Frauen und Männer eingesammelt hat, um guten Gewissens kostenpflichtige Premium-Mitgliedschaften einzuführen.*
Wenn Sie bei einer solchen internationalen Singlebörse angemeldet sind, dann suchen Sie einfach mal in ein paar Hauptstädten nach Frauen. In Ländern, in denen noch sehr wenig los ist, könnten Sie die lokale Ausgabe der Singlebörse mit einem weiteren Profil beehren. Oft ist dort das Preisniveau viel niedriger. Match.com in Brasilien ist zum Beispiel pro Monat deutlich günstiger als Match.com in Deutschland …«

[] **Der richtige Moment** *»Bei den großen Singlebörsen werden Sie relativ häufig angeschrieben, wenn es Sonderaktionen gibt wie ›6 Monate zum Preis von 3‹, ›Drei Tage kostenlos Flirten zum Vatertag‹ oder Ähnliches. Daher lohnt es, den Newsletter zu abonnieren.«*

Die perfekte Rache

Das Zeitungsabonnement

Tim K. aus Hamburg wurde nach drei Jahren von seiner Partnerin verlassen. Er musste aus der gemeinsamen Wohnung ausziehen, weil diese zu teuer war, verlor viel Geld für Renovierung, Umzug und überdies einen guten Freund, mit dem seine Ex neuerdings zusammenlebt. Tim K. wollte Genugtuung.

Da er wusste, dass seine Exfreundin zusammen mit ihrem Liebhaber im Januar für vier Wochen nach Thailand reiste, nahm er sich eine Stunde Zeit, setzte sich in ein Internetcafé und schloss ein paar Abos für das neue Pärchen ab:

› *Handelsblatt* *457 Euro pro Jahr*
› *Der Spiegel* *182 Euro pro Jahr*
› *FAZ* *450 Euro pro Jahr*

»Die Bestellung war ein Kinderspiel. Da ich Bankleitzahl und Kontonummer von meiner Ex natürlich kannte, füllte ich kurzerhand die Onlineaboformulare aus und zeigte mich vor allem mit den allgemeinen Geschäftsbedingungen einverstanden: Widerrufsrecht 10 bis 14

Tage nach Vertragsabschluss oder nach der ersten Zustellung. Wundervolle Bedingungen! Da die beiden Turteltauben für satte vier Wochen unterwegs waren, durften sie sich nicht nur über einen völlig verstopften Briefkasten freuen, sondern auch über mehr als 1000 Euro Abokosten. Rache ist teuer…« Allerdings auch für den, der sie ausübt. In diesem Fall steht eine Urkundenfälschung an, und die ist strafbar. Und verboten!

Die gesperrten Bankkarten

Björn F. aus Kiel ging es nicht besser. Scheidung, Unterhaltskosten, Haus verkauft… »der übliche schmutzige Trennungsstress eben, bei dem nach elf Jahren nichts weiter überbleibt als Abneigung und Hass.«
Der Maschinenschlosser nutzte – wie Tim K. aus Hamburg – die Reiselust seiner Exfrau, um sich an ihr zu rächen. Noch am Abreisetag – »die Dame war kaum in der Luft, ließ ich über die Notrufnummer 116116 sowohl die Kreditkarte wie auch die EC-Karte meiner Ex sperren. Wegen Diebstahls. Den Anruf übernahm natürlich von einer Telefonzelle aus mit aufgeregter Stimme eine gute Bekannte, es sollte schließlich eine Frau sein. Sämtliche Kartennummern waren mir ja noch bekannt, sodass diese Aktion keine großen Mühen bereitete.«

F.s Exfrau übrigens erlebte drei höchst unerfreuliche Urlaubswochen in der Türkei, wie F. später von gemeinsamen Bekannten erfahren durfte, und hatte nach ihrer Rückkehr den einen oder anderen Gang zu tätigen, um wieder in den Besitz funktionierender Karten zu gelangen.

Das stinkende Auto

Es gibt Männer, die lieben ihre Autos mehr als ihre Frauen, heißt es. Elfriede K., frisch geschiedene 58-jährige Hausfrau, wollte es sich nicht nehmen lassen, ihrem Exgatten, der sie wegen einer 33-jährigen Mitarbeiterin nach 25 Jahren Ehe verlassen hatte, zum Abschied noch eins auszuwischen.

Alfred K. liebt seinen Jaguar XJR 4.2 Liter V8, ein Traumauto, für das er mehr als 100.000 Euro bezahlen musste. Dass seine Exfrau für den Schaden in vierstelliger Höhe verantwortlich ist, steht für ihn eigentlich fest. Oder war es vielleicht doch ein böser Nachbar? Fakt ist, dass sich in den Lüftungsschlitzen seiner Luxuslimousine die Reste mehrerer roher Eier, eines stinkenden Weichkäses und Stücke von vergammeltem Fisch fanden. Den Gestank in seinem Auto wird der Mann so schnell nicht wieder losbekommen. Seine geschiedene Gattin wollte er deswegen verklagen – allein, es fehlte ihm an den nötigen Beweisen.

Elfriede K. lacht. »Nicht schlecht, die Idee mit dem Auto. Schade, dass sie nicht von mir stammt. Was ihn von meiner Seite aus noch erwarten wird, bleibt vorerst mein Geheimnis.«

Das verstopfte Auto

Fast jeder erinnert sich noch an die Szene aus »Beverly Hills Cop«, als Eddie Murphy seinen Beschattern von der Polizei Bananen in den Auspuff schob und diese bei der darauffolgenden Verfolgung mit stotterndem Motor fluchend auf der Strecke blieben.

Peter S., ein 48-jähriger Schreiner von der schwäbischen Alb, hat sich dieser Lachnummer erinnert, als ihn ein säumiger Großkunde immer weiter an den Rand des Wahnsinns trieb. Anstelle von Bananen verdichtete der Mann allerdings die S-Klasse seines Schuldners mit einer größeren Menge Montageschaum. »Als dem Trottel zunächst der Motor abstarb, versuchte er noch mehrfach, den Motor wieder zu starten. Ich schätze, dabei dürfte nicht nur die Einspritzanlage seines Daimlers kaputtgegangen sein. Den Lohn für seinen protzigen Dachausbau bekomme ich deshalb immer noch nicht, aber es tat unheimlich gut…«

Die Sahnespielchen

Horst D. aus Rostock gehört zu der Sorte von Männern, die von Frauen nicht genug bekommen können. Dass sich zwei seiner Affären – beides Arbeitskolleginnen – gegen ihn verbünden würden, hätte er nie glauben wollen. »Es war wie ein Spiel. Ein erotisches Spiel. Zuerst war es mir natürlich unangenehm, dass die beiden Frauen voneinander erfahren hatten. Man sollte ja eh nicht an der Arbeitsstelle…, heißt es doch, aber dann auch noch mit zweien gleichzeitig?«, erzählt der Mann. »Als irgendwann beide unabhängig voneinander Andeutungen machten, sie könnten sich auch ein Treffen zu dritt vorstellen, wurde mir ganz anders. Davon träumt doch irgendwie jeder Mann.« Was Horst D. nicht ahnen konnte: Die beiden Frauen hatten sich gleichsam verschwestert – gegen ihn.

»Das Treffen fand in einem kleinen Ferienhäuschen an der Ostsee statt. Anfänglich waren wir alle drei sehr nervös, dann begannen die beiden Frauen damit, mir die Augen zu verbinden und mich an Händen und Füßen am Bett zu fesseln. Die Erregung und Begierde lag geradezu in der Luft, besonders als die beiden anfingen, meinen nackten Körper mit Sprühsahne zu bedecken …«

Nach mehr als fünf Stunden hatte es Horst D. schließlich geschafft, sich von den Handfesseln wieder zu befreien. Die Sprühsahne war weg – die beiden Arbeitskolleginnen auch. Und beide waren für den Rest des Wochenendes telefonisch nicht mehr zu erreichen.

Das Grinsen einiger Arbeitskollegen wusste er zunächst nicht zu deuten, als er am darauffolgenden Montag wieder zur Arbeit kam. Bis er seine Mails checkte und auf ein Filmchen stieß, das ihm von einer unbekannten Mailadresse zugeschickt wurde. Es zeigte einen mit Sahne bedeckten, auf einem Bett gefesselten Mann, der von einem kleinen Yorkshireterrier abgeleckt wurde … Dass die Mail an den gesamten Firmenverteiler ging, bemerkte Horst D. dann auch noch.

Die käufliche Liebe

Was die Vorstandsassistentin Beate C. mit ihrem Vorgesetzten gemacht hat, hätte den Mann fast vollständig um seine Existenz gebracht. »Dass mein Chef nichts anbrennen lässt, war in unserem Betrieb ein offenes Geheimnis, und doch glaubte ich, er meine es ernst mit mir«, erzählt die enttäuschte 34-jährige Essenerin. Das tat der 54-jährige Joseph S. natürlich nicht, was auch seine Sekretärin irgendwann bemerken musste.

Bis sie einen folgenschweren und nicht ganz billigen Entschluss fasste. Für rund 500 Euro Abendpauschale buchte sie über eine Callgirlagentur die 21 Jahre alte Roxanna und setzte die Lettin auf ihren Chef und Exliebhaber an. »Es war an einem Freitagabend, und ich wusste, dass er vor jedem Wochenende auf dem Weg zur After-Work-Party noch in eine Zigarrenlounge geht. Die Sache mit Roxanna ging erstaunlich schnell – diese Sorte Frau hat es eben raus«, erzählt Beate C. bewundernd. »Die beiden sind für mehrere Stunden in einem angesagten Club verschwunden, wo einige sehr teure Cocktails getrunken wurden. Als die beiden wieder herauskamen, schlang sich das Callgirl verabredungsgemäß eng um meinen Chef, küsste ihn minutenlang heiß und innig, bevor sie dann blitzartig in ein Taxi stieg und in der Nacht verschwand.«

Nun, der Rest ist einfach erzählt. Joseph S. wurde wenige 100 Meter vor seinem Haus von einer Polizeistreife angehalten. Ein Bluttest ergab 1,6 Promille, 12 Monate Fahrverbot und als Zweittäter Vorladung zur MTU, gemeinhin als Idiotentest bekannt. Die Ehefrau von Joseph S. fand wenige Tage nach der besagten Nacht eine Mail mit einem Digitalfilm in ihrem Account. Darauf ihr Mann knutschend mit einer sehr jungen, sehr gut gebauten Frau. Das Maß war nun endgültig voll, die Frau reichte die Scheidung ein. Und Beate C.? Sie assistiert seit vier Monaten einem neuen Vorstand.

Die Selbstkastration

Der 19-jährige Schlachterlehrling Jens G. aus einem kleinen Dorf auf der Schwäbischen Alb wollte sich an seiner Exfreundin rächen. Aus dem Schlachthof entwendete er einen Kuheuter, steckte sich diesen im morgendlichen Pendlerzug in die Hose, öffnete im vollen Abteil vor seiner Ex den Reißverschluss, zog das Euter aus dem Hosenschlitz, brüllte: »Ich hasse dich!«, schnitt das Ding ab und schleuderte es aus dem offenen Fenster. Seine Freundin fiel vor Entsetzen in Ohnmacht. Die umsitzenden anderen Fahrgäste leider auch. Mit einem Verfahren wegen Erregung öffentlichen Ärgernisses und einer Haftstrafe von bis zu einem Jahr oder einer Geldstrafe muss der junge Mann nun rechnen … »Das war mir der Spaß aber wert!«

Inkasso auf Russisch oder Albanisch

Ein Passauer Handwerksmeister war es satt, immer hinter denselben säumigen Großkunden hinterherzulaufen. »Bei dem kleinen Hausbauer, der mal in finanzielle Schwierigkeiten gerät, weil er plötzlich Kurzarbeit machen muss, habe ich noch Verständnis. Dieses Geld fehlt mir am Ende des Jahres zwar auch in der Buchhaltung, aber das sind ja oft menschliche Tragödien, die hinter dem Zahlungsverzug stehen.«

Ganz anders betrachtet der stattliche Bayer jedoch die großen Bauträger, »die zunächst uns Handwerker bis an die Schmerzgrenze im Preis drücken, am Ende gar nicht zahlen und mit ihren dicken Schlitten durch die Stadt gleiten«.

Seine erste Maßnahme basierte auf einem sogenannten falschen Hasen. Seinen Mahnbriefen fügte der Passauer folgenden Absatz bei:

»Bei weiterem Verzug Ihrer Zahlung wird sich mein Inkassobüro mit Ihnen in Verbindung setzen. Bitte haben Sie Verständnis dafür, dass die Herren nur gebrochen Deutsch sprechen, in den meisten Fällen greift die Inkassoagentur jedoch auf einen russischen Dolmetscher zurück, sodass es nicht zu Verständigungsproblemen kommen dürfte. Der für die erfahrenen Spezialisten entstehende Kostenaufwand wird Ihnen selbstverständlich in Rechnung gestellt – weitere Schadensersatzforderungen behalte ich mir vor.«

Die Erfolgsquote kletterte auf 60 bis 70 Prozent. »Russland, gebrochen Deutsch, Spezialisten – die hier entstandenen Assoziationen haben meine Außenstände erkennbar reduziert, aber eben nicht bei den besonders hartnäckigen und gewieften Kandidaten.«

Die zweite Maßnahme basierte nicht mehr auf einem Bluff. »Sätze wie ›… das gehört alles meiner Frau‹ und dergleichen wollte ich nicht mehr hören. Die eindringlichste Art, darauf hinzuweisen, dass ich es mit meinen Geldforderungen ernst meine, übernehmen nun internationale Inkassoagenturen. Als Suchworte im Internet genügen Begriffe wie ›Albaner und Inkasso‹ oder ›Inkasso Moskau‹.«

Ein Briefkopf in kyrillischen Buchstaben überzeugt die hartnäckigsten Schuldner, und die Kernaussage dieser Unternehmen ist simpel und durchaus überzeugend: »Ihr Schuldner muss keine Fremdsprachen können – er wird uns auch so verstehen.« Die Vorgehensweisen dieser Firmen – auch wenn sie auf ihren Internetseiten von »schlagkräftigen Mitarbeitern« sprechen – sind legal, und dass sie Mitarbeiter vorbeischicken, die dunkle Sonnenbrillen und schusssichere Westen tragen, ist auch nicht verboten«, erzählt der Handwerksmeister aus Passau zufrieden. »Meine offenen Forderungen beschränken sich nun tatsächlich nur noch auf den kleinen Mann, der Pech hatte in seinem Leben. Und der bekommt keinen Besuch aus den ehemaligen Sowjetrepubliken.«

Das Auge im Münzauswurf

Ein fieser Witz schlecht gelaunter Misanthropen ist das Ochsenauge oder die Fischinnereien im Münzauswurfschacht von öffentlichen Automaten. Hier greift im Grunde jeder rein, ohne vorher geprüft zu haben, ob da wirklich nur das Restgeld drinliegt …

Die Sexanzeige auf dem Autobahnklo

Sehr beliebt unter Jugendlichen und Schülern auf Klassenfahrt: einfach die Telefonnummer der ungeliebten Person mit einem wasserfesten Filzstift auf die Klotür kritzeln – verbunden mit den vermeintlichen sexuellen Vorlieben der betreffenden Person und dem Aufruf »Ruf an!«.

Der Pizzalieferservice

Äußerst beliebt, um nervende Nachbarn oder ehemalige Partner in Rage zu bringen. Mit unterdrückter Telefonnummer eine oder mehrere Pizzabestellungen gleichzeitig für die Zielperson aufgeben und sich hinter verschlossener Tür das Chaos im Treppenhaus live mit anhören.

Der Internetchat

Ein probates und in Internetforen äußerst beliebtes Mittel, um sich am Expartner zu rächen: die Teilnahme an einem Partner- oder Sex- oder Gay-Chat, die Chatpartner schön heiß machen und ohne Umschweife direkt die Privat- oder Geschäftsnummer des Menschen herausgeben, dem man das Leben zur Hölle machen möchte.

Der Nachsendeantrag

Via www.efiliale.de oder auf dem Postamt selbst einen Nachsendeantrag für den neuen Wohnsitz der Exgemahlin stellen und als Zielort eine c/o-Adresse (»care of«) bei den städtischen Müllwerken oder einer psychiatrischen Landesklinik angeben.

Die Kontaktanzeige

Ein beliebter Akt zur Erlangung von Genugtuung für gehörnte Eheleute: eine Kontaktanzeige möglichst bei einem lokalen Anzeigenblättchen im Namen der Exfrau aufgeben, mit möglichst detaillierter Beschreibung des Suchenden, damit der nötige Erkennungswert gegeben ist. Wenn möglich, natürlich auch mit neuer Adresse und Telefonnummer der zu strafenden Person.

Die Werbeflut

Kaum etwas nervt mehr als ein ständig vollgestopfter Briefkasten. Die Adresse desjenigen Menschen, der im Visier steht, bei sämtlichen Versandhäusern und Internetnewslettern lancieren, und schon rollt der Werbetsunami an.

Der Weckdienst

Eine schlimme Strafe für Menschen mit Schlafproblemen oder Schichtarbeit: Der telefonische Weckdienst zu Unzeiten treibt jeden Menschen irgendwann an den Rand des Wahnsinns.

Der Bestellservice

Peinlich, lästig und mit Arbeit verbunden: Pakete, die man selbst nicht bestellt hat. Sei es die Möbellieferung oder das große Orion-Sex-Überraschungspaket, das im dümmsten Fall auch noch bei der

Nachbarin abgeholt werden muss, weil die Zustelldienste immer während der eigenen Arbeitszeit kommen. Und: Die Sachen kommen natürlich per Nachnahme und müssen wieder zurückgeschickt werden!

Das Taxi

Vergleichbar mit der Pizza oder dem telefonischen Weckdienst, eine Angelegenheit, die unglaublich nerven kann. Gerade weil mit Taxifahrern häufig nicht zu spaßen ist...

Die Kreditkarte im Internet

Rachesüchtige Expartner lieben das Onlinekreditkartengeschäft. Fantasiemailadresse und die Kreditkartendaten des zu Schädigenden reichen häufig, um dem vormals geliebten Menschen eine Unzahl schmuddliger, peinlicher und teurer Rechnungsbeträge zu verschaffen.

Die Energieversorgung

Sehr lästig: Gas- und Stromanschlüsse oder gar schriftlich die ganze Wohnung von Menschen kündigen, die es nicht besser verdient haben.

Das Schwarze Brett

Sehr unangenehm: im Supermarkt des Vertrauens des Expartners unter »Biete/Suche« hübsche Zettel mit fragwürdigen Angeboten aushängen: Inkontinenzeinlagen, Sexspielzeug (beides gebraucht!), Kleidung der Größe 48 etc. anbieten, freilich unter Angabe von Namen, Adresse und Telefonnummer der fraglichen Person.

Das Flugblatt

Ein schönes Flugblatt zum Autoverkauf des Nachbarn gestalten, mit Fotos, Name, Adresse und Telefonnummer versehen und im Supermarkt um die Ecke und an Laternenmasten in der Wohnstraße aushängen – und natürlich den Grund für diesen »Notverkauf« nicht vergessen: »wegen Privatinsolvenz!«.

Die Warnung

Alle im Internet gesammelten Tipps und Kniffe sind – wie könnte es auch anders sein: verboten!

Deshalb: die Finger weg davon! Wenn so etwas herauskommt, kann es im Zweifel richtig teuer werden und von Fall zu Fall sogar unangenehme strafrechtliche Konsequenzen haben.

Beknackt Verknackt

Justus Richter
ÖFFENTLICHE
MÜLLEIMER DÜRFEN
NICHT SEXUELL
BELÄSTIGT WERDEN
Die wahnwitzigsten
Gesetze aus aller Welt
192 Seiten
ISBN 978-3-404-60246-9

Unglaublich aber wahr: In North Carolina ist Niesen auf offener Straße bei Strafe untersagt und in Wisconsin darf ein Mann nicht mit einer Waffe schießen, um den Orgasmus seiner Frau anzuzeigen. – Die strenge Welt des Rechts steckt voller absurder Überraschungen. Aber zum Glück ist Lachen noch nicht strafbar – zumindest soweit uns bekannt.